Double crime – Doppeltes Verbrechen

von Angelika Lauriel

Langenscheidt

Berlin · Madrid · München · Warschau · Wien · Zürich

Lektorat: Bettina Müller Renzoni
Französischsprachiges Lektorat: Bettina Savino
Illustrationen: Rüdiger Trebels
Umschlaggestaltung: init.büro für gestaltung, Bielefeld,
unter Verwendung einer Illustration von Rüdiger Trebels

Für Manuel, Fabian und Nicolas

www.krimis-fuer-kids.de
www.langenscheidt.de

Satz: kaltner verlagsmedien GmbH, Bobingen
Druck und Bindung: Stürtz GmbH, Würzburg

ISBN 978-3-468-20661-0

11010

Inhalt

Katze verschwunden!

"Ophélie!", klang es undeutlich durch die Ohrhörer meines MP3-Players. *Ich dreh jetzt schon seit Stunden hier so meine Runden,* sang Herbert Grönemeyers kernige Stimme dagegen an. Mein bester Freund Élia Dupreux hatte mir eine alte Lieblings-CD seiner Mutter auf den MP3-Player geladen, und jetzt saßen wir auf Élis abgewetzter Cord-Couch und wippten zum Mambo-Rhythmus mit den Köpfen. Einfach nur genial, das Lied.

"Ophélie, où es-tu?" Die helle Stimme kam näher.

Ich zog den Stöpsel aus dem Ohr. Éli legte den Kopf schief und zog die Hörer seines iPod ebenfalls heraus.

"C'est ton frère." Ich wies mit dem Kinn zur Tür.

"Viens, Ophélie, viens ici!", hörten wir Marc auf dem Flur.

"Il cherche encore **sa chatte**. **Pauvre bête!**" Er grinste.

Ich war mir nicht ganz sicher, ob er die Katze oder seinen kleinen Bruder meinte. Dessen Stimme entfernte sich jetzt wieder, und wir hörten ihn die Treppe hinunter springen.

"Mais **ce n'est pas vrai**, Ophélie, où es-tu?"

---

sa chatte seine (weibliche) Katze
Pauvre bête! Armes Tier! *Aber auch:* Armer Dummkopf!
ce n'est pas vrai das gibt es doch nicht

Éli schüttelte den Kopf. “Il a toujours **peur** de perdre sa chatte.”

Die ganze Familie Dupreux liebte Marcs Katze. Mit ihrem rauchgrauen Fell war sie auffallend hübsch, und Marc hütete sie wie seinen Augapfel. Aber Ophélie liebte die Freiheit und büxte manchmal aus. Abends suchte Marc dann überall nach ihr – meist gemeinsam mit seiner zehnjährigen Schwester Sarah. Heute machte Marc sich früh auf die Suche, es war noch nicht mal sechs Uhr. Dann musste ich nämlich die Straßenbahn nach Hause nehmen. Élia wohnt in Frankreich und ich in Deutschland, in der Nähe von Saarbrücken.

Ich schaltete meinen MP3-Player aus und packte ihn in meine Schultasche. Beim Anblick der Hefte kam mir unser Kumpel Luca in den Sinn, der bis vor kurzem oft unsere Hausaufgaben am Deutsch-Französischen Gymnasium kontrolliert hatte. Richtig, nach ihm hatte ich Éli schon den ganzen Tag fragen wollen.
“Dis-moi, Éli, tu as vu Luca **ces derniers jours**? Il n’est pas venu à l’**étude** cette semaine.”
Luca war siebzehn und ein sehr guter Freund von uns – besonders nachdem wir vor einigen Wochen

---

peur Angst
ces derniers jours in den letzten Tagen
étude Hausaufgabenbetreuung

gemeinsam ein gefährliches Abenteuer durchgestanden hatten. Beinahe wäre er dabei im Knast gelandet. Doch dann hatte der Richter ihm nur Sozialdienst aufgebrummt, weil er echte Reue gezeigt hatte.
“Luca? Il doit faire ce **travail d’intérêt général**, tu sais. Et parfois, il n’a pas le temps d’aller à l’étude.”
“**Ah bon?**”
Dass er nicht mehr zur Nachmittagsbetreuung kommen konnte, erschien mir ungerecht. Immerhin brachte ihm die Arbeit dort auch einen kleinen Lohn ein. Ich vermisste ihn. “C’est **bizarre**. Il ne peut plus travailler à l’étude **alors**?”
“**Si**”, sagte Éli, “il **y** travaille toujours, mais cette semaine, il a commencé dans un nouveau **service d’assistance** et doit **se familiariser**.”
Gemeinsam gingen wir nach unten. Ich musste zur Straßenbahnhaltestelle und mit der S1 über die Grenze zurück nach Deutschland fahren – quasi von einer Endstation zur nächsten. Marc kam in den Vorgarten gelaufen und fasste nach Élis Hand. Er wirkte total auf-

---

travail d’intérêt général sozialer Dienst
Ah bon? Ach ja?
bizarre merkwürdig
alors also
si doch
y dort
service d’assistance Pflegedienst
se familiariser sich einarbeiten

gelöst. Seine dunklen Locken standen wirr in alle Richtungen, und er blinzelte die Tränen aus den hellbraunen Augen.

"Éli, Ophélie, je ne la trouve **nulle part**!", schniefte er.

Ich mochte den siebenjährigen Marc sehr gern, und ich konnte gut nachempfinden, wie sehr ihn die ergebnislose Suche nach seiner Katze aufwühlte. Ich schaute auf die Uhr. Die nächste Bahn würde eine halbe Stunde später fahren. Dann kam ich zwar nicht mehr pünktlich zum Essen, aber ich konnte meine Eltern ja anrufen und Bescheid sagen.

"Viens, nous allons t'aider à **retrouver** ta chatte", sagte ich. "Tu as regardé partout, dans la maison, dans le jardin …?"

Marcs Augen leuchteten auf, und er nickte eifrig.

"On va chercher **dans la rue** alors", bestimmte Éli. "Moi, **je prends cette direction**, vous, vous pouvez chercher **là-bas**."

Er zeigte stadtauswärts, zum Waldspielplatz, während er selbst Richtung Zentrum lief.

---

nulle part nirgends
retrouver wiederzufinden
dans la rue auf der Straße
je prends cette direction ich gehe in diese Richtung
là-bas da drüben

"Ophélie!", riefen wir nun mit vereinten Kräften und liefen auf beiden Seiten der Straße, blieben an jedem Haus stehen und spähten in die Vorgärten.
Ich erschrak, als knatternd ein Motorroller neben mir anhielt. Luca!
"Salut, Lora, mais qu'est-ce que tu fais ici?"
"Salut, Luca! Nous cherchons la chatte de Marc. Tu ne l'as pas vue **par hasard**?"
"Non, mais je peux vous aider à la retrouver. **Elle est de quelle couleur?**"
Marc lief quer über die Straße zu uns und begrüßte Luca mit einem aufgeregten Kieksen in der Stimme.
"Sa **robe** est grise. Mais **tu vas lui faire peur** avec ton **scooter**."
Luca stieg von seinem Roller, stellte ihn auf dem Trottoir ab und zog den Helm aus.
"**Tu as raison**, je vais le **garer** ici", lächelte er Marc an.
Dieser atmete tief ein und schaute sich hektisch um. Die Sorge um sein Kätzchen schien stetig zu wachsen.

---

par hasard zufällig
Elle est de quelle couleur? Welche Farbe hat sie?
robe Fell (einer Katze)
tu vas lui faire peur du wirst sie erschrecken
scooter Roller
tu as raison … du hast recht
garer abstellen

Zu dritt liefen wir weiter, Ophélies Namen rufend. Am Spielplatz trafen wir auf Sarah, die dort mit einer Freundin auf dem Holzgerüst herumkletterte.
"Sarah, tu as vu Ophélie? **Elle a disparu.**"
Sie sprang von der höchsten Stufe ab und lief auf uns zu, gefolgt von ihrer Freundin. Ihre blonden Zöpfe flogen, als sie den Kopf schüttelte.
"Non Marc. **Je l'aurais vue si elle était passée par ici.**"
Wir verteilten uns und suchten systematisch die Umgebung des Spielplatzes ab. Der holzumzäunte Platz war halb in den angrenzenden Wald gebaut worden. Weicher Rindenmulch federte die Schritte ab. Wir liefen weit in das Unterholz hinein. Ich folgte einem seichten Bachlauf, der hinter den Häusern vorbei in den Wald führte. Doch nach ein paar hundert Metern machte ich kehrt. Es hatte keinen Zweck, den ganzen Wald nach einer Katze abzusuchen. Sie hatte sich bestimmt irgendwo versteckt. Außerdem wurde es nun wirklich Zeit, dass ich mich auf den Heimweg machte. Auf dem Spielplatz trafen wir alle wieder zusammen. Keine Spur von Ophélie. Marc wischte sich die Tränen von den Wangen. Ich legte den Arm um seine Schultern und versuchte, ihn zu trösten.

Elle a disparu. Sie ist verschwunden.
Je l'aurais vue si elle était passée par ici. Ich hätte sie gesehen, wenn sie hier vorbeigekommen wäre.

"Elle a du se cacher **quelque part**."
Luca nickte: "Elle va **revenir**, **ne t'inquiète pas**."
"Vous croyez?", schniefte Marc.
Ich gab ihm ein Taschentuch, damit er sich schnäuzen konnte.
Ich hörte meinen Namen und drehte mich zur Straße um. Dort kam Éli angelaufen – mit leeren Händen, wie wir auf den ersten Blick erkannten.
"Je ne l'ai pas … trouvée … Ophélie", stieß er atemlos hervor, als er zwischen die Spielgeräte zu uns sprintete. Er beugte sich vornüber, stützte die Hände auf die Knie und schnaufte. Seine blonden Ponyfransen klebten ihm an der Stirn.

"**Nous non plus.**" Ich zog bedauernd die Schultern hoch.
Marc schluchzte auf.
Éli legte ihm die Hand auf die Schulter und sagte: "Mais j'ai rencontré la femme du boulanger. Elle m'a dit qu'elle demanderait à **tous** les clients demain matin."
Ich hatte den Eindruck, dass er noch weiter sprechen wollte, doch als Marcs Augen hoffnungsvoll aufleuchteten, schwieg er.

---

quelque part irgendwo
revenir zurückkommen
ne t'inquiète pas mach dir keine Sorgen
Nous non plus. Wir auch nicht.
tous alle

"Très bonne idée." Luca nickte Marc zu. "Presque tout le monde va à la boulangerie **le matin**. **Quelqu'un** a du la voir, **c'est sûr**."
Marcs Katze hatte ein ungewöhnliches Fell, und die Leute im Viertel kannten sie. Ganz bestimmt würde sich spätestens morgen herausstellen, wo Ophélie sich versteckt hatte. Ich schöpfte Hoffnung für Marc, der mir wahnsinnig leid tat. Doch jetzt musste ich wirklich los, sonst erwartete mich zuhause ein Donnerwetter.
Meine Eltern mochten Éli, aber wenn ich ihre Geduld überstrapazierte, würden sie mich nicht mehr so bereitwillig zu ihm lassen.
"Écoutez, moi, **je dois y aller maintenant**", sagte ich behutsam.
"**Je t'accompagne jusqu'à la station de tram**", sagte Éli und wies Sarah an, ihren Bruder nach Hause zu bringen. Ihre Mutter würde gleich von der Arbeit kommen.
Im Tross gingen wir die Straße entlang, und vor dem Haus der Dupreux' verabschiedete ich mich von Sarah und Marc.

---

le matin morgens
quelqu'un irgendjemand
c'est sûr das steht fest
je dois y aller maintenant ich muss jetzt los
je t'accompagne jusqu'à la station de tram ich begleite dich bis zur Straßenbahnhaltestelle

"Lora, **je peux te ramener en scooter**", sagte Luca, als er an seinem Roller angekommen war.
Éli schüttelte den Kopf. "Non, Luca, **attends un instant**. Je voulais vous raconter **encore** quelque chose."
"Je **vais** avec vous **à pieds** alors."
Luca löste den Ständer des Rollers und schob ihn neben uns her.
Gespannt sah ich Éli an.
Mit gesenkten Brauen murmelte er: "Je ne sais pas ce que cela **signifie**. Mais **apparemment**, Ophélie n'est pas le premier chat qui disparaît **ainsi**."
Überrascht hielt ich die Luft an.
"La **boulangère** m'a raconté que le chat de Monsieur Leclerc **n'est pas rentré depuis** trois jours. Et Audric cherche son petit chien aussi."
Das war ja ein seltsamer Zufall! Gleich drei verschwundene Haustiere in einem Stadtteil.

---

je peux te ramener en scooter ich kann dich mit dem Roller zurückbringen
attends un instant warte einen Moment
encore noch
vais … à pieds gehe … zu Fuß
signifie bedeutet
apparemment anscheinend
ainsi so
boulangère Bäckerin
n'est pas rentré ist nicht nach Hause gekommen
depuis seit

“**C’est vraiment étrange**”, meinte auch Luca.
Wir waren an der Haltestelle angelangt, und die Bahngleise summten schon. Gleich darauf fuhr die S1 ein.
“**On en reparlera demain**”, rief ich und stieg ein.
Éli und Luca nickten und winkten mir nach.
Ich ließ mich auf einen der leeren Plätze fallen und zog mein Handy aus der Hosentasche. Ach Mist, hier hatte ich ja nur das französische Netz. Das war mir zu teuer. Also schob ich das Handy wieder in die Tasche, zog meinen MP3-Player heraus und lauschte Grönemeyers alten Liedern. Doch Marcs verzweifeltes Gesicht ging mir nicht aus dem Kopf.

---

c’est vraiment étrange das ist wirklich sonderbar
on en reparlera demain wir reden morgen weiter darüber

Katzenräuber?

Die Standpauke am Abend war ausgeblieben.
"Ach herrje, die arme Katze! Marc tut mir leid." So Mamas Kommentar, als ich ihr von unserer erfolglosen Suche erzählte.
"Ist es euch recht, wenn ich heute nach der Étude wieder mit Éli nach Hause fahre?", fragte ich nach dem Frühstück. "Ich will unbedingt bei der Suche helfen. Ich meine, falls Ophélie noch nicht wieder aufgetaucht ist."
"Ja, ja, mach das mal. Ich würde auch helfen, wenn ich an deiner Stelle wäre."

Ich verabschiedete mich vor der Haustüre von Mama und Papa, und jeder ging seiner Wege.

Schon vor dem Schulgebäude traf ich auf Éli.
"Elle est rentrée, la chatte?"
"Non."
Er drehte sich um. Marc trottete mit gesenktem Kopf neben Sarah her zur Grundschule, die im Nebentrakt des Deutsch-Französischen Gymnasiums untergebracht war.
"Le pauvre!" Bestimmt hatte er eine schlaflose Nacht hinter sich – und Sarah auch.
Ich musste während des Unterrichts die ganze Zeit an die Katze denken. Beim Mittagessen in der Kantine sahen wir die Grundschüler von weitem. Marc und

Sarah schienen regelrecht von einer Aura der Traurigkeit umgeben zu sein.
"Éli, ton frère et ta sœur **ont l'air bien triste**, qu'est-ce qui se passe?"
Emilie und Kathy aus unserer Klasse stellten ihre Tabletts auf dem Tisch ab und setzten sich uns gegenüber. Emilie zeigte mit dem Kinn auf das andere Ende des Speisesaals.
Von dort schlurften Sarah und Marc mit hängenden Schultern in unsere Richtung.
"**Comme s'ils étaient désespérés**", bekräftigte Kathy.
"C'est parce que Marc a perdu sa chatte. Ophélie a disparu hier."
Abwechselnd erzählten Éli und ich, wie wir erfolglos nach der Katze gesucht hatten. Wir hatten kaum geendet, da kam Luca mit seinem Essenstablett herbei und schob sich neben Éli auf den Stuhl. Offenbar hatte er die letzten Worte noch gehört, denn er schnalzte mit der Zunge.
"Alors, la chatte n'est toujours pas revenue?"
"Écoutez", sagte Kathy aufgeregt, "moi, **j'ai entendu parler d'une pareille histoire**, **il y a quelques mois**.

---

ont l'air bien triste sehen ganz schön traurig aus
comme s'ils étaient désespérés als wären sie verzweifelt
j'ai entendu parler d'une pareille histoire ich habe von einer ähnlichen Geschichte gehört
il y a quelques mois vor einigen Monaten

Dans le village où habite mon cousin, **en Bavière**, on a volé des chats et des chiens."
"Quoi?"
Entführte Haustiere? Aber wozu das denn?
Mein Blick wirkte wohl ziemlich dümmlich, denn Kathy beharrte auf ihrer Geschichte. "Oui, **je vous le jure**! C'est mon cousin qui me l'a raconté."
"Mais pourquoi quelqu'un ferait-il cela? Pour les vendre **ensuite**? Qui achèterait un chat ou un chien **sans** connaître **son pedigree**?"
Luca steckte sich die Gabel mit einem Salatblatt in den Mund und verzog kauend das Gesicht. Das Dressing schmeckte wie immer – scheußlich. Ich hatte meine Salatschale bereits unangetastet zur Seite geschoben. Lucas Frage regte meine grauen Zellen an.
"**Pensez-vous** qu'Ophélie a été volée? C'est vrai, sa robe est très jolie."
Naja, und Audrics kleiner Hund war ein reinrassiger Jack Russell Terrier. Ich konnte mir sehr wohl vorstellen, dass ein Dieb sich mit Hilfe der Tiere bereichern wollte. Lucas Argument, dass die Leute doch keine Tiere kauften, wenn sie die Abstammung nicht

---

en Bavière in Bayern
je vous le jure ich schwöre es euch
ensuite anschließend
sans ohne
son pedigree seinen Stammbaum
pensez-vous glaubt ihr

belegen konnten, war für mich nicht schlüssig. Das sagte ich ihm klipp und klar.
"Je pense que si un animal **plaît**, **on arrive à** le vendre, **même si** son pedigree n'est pas connu."
"Pah, das ist denen doch ganz egal, ob das Tier einen legalen Stammbaum hat oder nicht."
Kathy fuchtelte beim Reden mit der Gabel in der Luft herum, dann nickte sie, spießte eine Pomme Dauphin auf und schob sie in den Mund.
"**Sacrés amis des animaux! C'est affreux!**" Éli regte sich richtig auf. Wahrscheinlich dachte er dabei an seinen kleinen Bruder.
Emilie sah ihn mit verdattertem Gesichtsausdruck an. Sie schien über eine Antwort nachzudenken.
"Écoute, Éli", druckste sie herum, "moi, j'ai entendu **des choses encore plus cruelles**."
Luca und Éli hörten auf zu kauen und musterten Emilie schweigend. Mir wurde mulmig bei Emilies Gesichtsausdruck. Sie verzog den Mund ein wenig. Es sah aus, als hätte sie auf etwas Ekliges gebissen und einen bitteren Geschmack im Mund. Was kam denn jetzt?

---

plaît gefällt
on arrive (à) kann man
même si selbst wenn
Sacrés amis des animaux! Schöne Tierfreunde!
C'est affreux! Das ist schrecklich!
des choses encore plus cruelles noch grausamere Dinge

Sie schluckte. “Alors, on dit qu’il y a des gens qui volent des animaux **pour les emmener dans des laboratoires**.”

Igitt, mir wurde schlecht. Sofort sah ich arme Tiere vor mir, die man zu Forschungszwecken quälte. Solche Fotos kennt man ja aus Zeitungen und Illustrierten. Die großen Augen dieser gequälten Wesen beschäftigten mich oft tagelang.

Éli wechselte die Farbe. “C’est vrai. Moi aussi, j’en ai entendu parler …” Er schüttelte sich. “**Je n’ose même pas imaginer cela**.”

Nein, man musste ja nicht gleich an das Schlimmste denken.

Luca nickte. Kathy und Emilie wechselten einen Blick, dann zog Kathy eine Grimasse. Hatte sie etwa noch was auf Lager?

“Also, ich sag’s wirklich nicht gerne – und ich bin mir sicher, dass das hier nicht der Fall ist – aber …” Sie verstummte und lief flammend rot an.

Wir waren ganz Ohr.

“Das ist jetzt auch ziemlich eklig, bitte entschuldigt, aber mein Cousin hat mir das wirklich erzählt. Also dort in Bayern gibt es angeblich eine Firma, die Katzenfelle für Wärmedecken verarbeitet.”

---

pour les emmener dans des laboratoires um sie in Laboratorien zu bringen

je n’ose même pas imaginer cela ich wage es mir nicht mal vorzustellen

"**Tais-toi!**" Ich legte ärgerlich mein Besteck zur Seite. Mir war der Appetit endgültig vergangen.
Kathy wurde womöglich noch röter.
"**Arrêtez!**", erklang da eine grelle Stimme, in der tiefste Verzweiflung mitschwang. Marc stürmte aus dem Nichts herbei und schlug mit den Fäusten auf Kathys Rücken ein. Verdammt, er musste die letzten Worte gehört haben! Wie ein Besessener traktierte er Kathy mit seinen Fausthieben. Éli und Luca sprangen auf und zogen Marc von Kathy weg, der nun die Tränen die Wangen hinunter liefen. Sie wollte Marc in den Arm nehmen, doch der drückte sich gegen seinen großen Bruder und funkelte Kathy böse an. "**Tu n'es qu'une imbécile!**"
"Mais non, écoute-moi", schniefte Kathy, "**je suis sûre que cela n'a rien à voir avec** ta petite chatte. Elle a du se cacher, **c'est tout**. **Aussi bien** elle t'attend **déjà à la maison**."
Kathy sah mich hilfesuchend an. Warum hatte sie so etwas Abscheuliches auch sagen müssen? Andererseits

---

Tais-toi! Sei still!
Arrêtez! Hört auf!
Tu n'es qu'une imbécile! Du bist sowas von blöd!
je suis sûre que cela n'a rien à voir avec … ich bin sicher, das hat nichts mit … zu tun
c'est tout das ist alles
aussi bien *hier:* vielleicht
déjà schon
à la maison zu Hause

hatte ja niemand ahnen können, dass Marc ihre Worte hören – und verstehen – würde.
"Oui, Kathy a raison", hörte ich mich sagen und legte Marc die Hand auf die Schulter.
Luca und Éli ließen ihn los, und langsam beruhigte er sich ein wenig. Hoffnung glomm in seinen Augen auf.
"Cet après-midi, on rentrera **tous** avec toi", sagte ich, "et si la chatte n'est pas revenue, nous la chercherons **ensemble**. On pourrait **afficher** des **avis de recherche** aussi. **T'inquiète**, nous la trouverons."
"Bonne idée, je prendrai le scooter et **collerai** les **affiches** partout", fügte Luca hinzu. "Je **vous rejoindrai** cet après-midi après mon **travail**."
Marc verließ uns in Begleitung von Sarah, und wir mussten zur Étude. Kathy ging heute ebenfalls zur Nachmittagsbetreuung. Sie wirkte geknickt. Immer wieder versicherte sie uns, wie sehr sie hoffe, dass Marcs Katze wieder auftauchte.
"Oui, **espérons-le**." Éli wirkte nicht überzeugt.

---

tous alle
ensemble zusammen
afficher aushängen
avis de recherche Suchanzeigen
t'inquiète (ugs. für ne t'inquiète pas) mach dir mal keine Sorgen
collerai werde … kleben
affiches Plakate
je vous rejoindrai ich treffe euch dann
travail Arbeit
espérons-le wollen wir hoffen

Noch mehr Verdächtigungen

Wir beeilten uns mit unseren Hausaufgaben, und sobald der Obstsnack auf den Tischen stand, griffen Éli und ich uns einen Apfel. Dann verließen wir die Betreuungsräume, bevor uns jemand aufhalten konnte. Eigentlich waren wir bis fünf Uhr angemeldet.

Im Flur hörte ich jemanden zischen. Verflixt, hatte einer der Betreuer uns doch gesehen? Ich zog den Kopf ein und lief los, Éli neben mir tat das Gleiche.

“Attendez!”, hörten wir eine gedämpfte Stimme.

Luca! Er kam aus der anderen Betreuungsgruppe und gab uns Zeichen, auf ihn zu warten. Gleich darauf war er bei uns.

“Alors, vous allez voir **si** la chatte est rentrée?”

Mit einem Nicken zogen wir ihn zur Ausgangstreppe.

“Élia Dupreux, Dolores Winter, attendez s'il vous plaît!”

Wir zogen die Köpfe ein. Die Stimme war unverkennbar. Etwas rau und unsicher, aber sympathisch. Unser Biologielehrer Daniel Cramp. Noch mal Schwein gehabt! Er würde bestimmt mit sich reden lassen. Die Lehrer handhabten die Betreuungszeiten recht unterschiedlich. Nicht alle hatten die zeitlichen Vereinbarungen der einzelnen Schüler im Kopf. Und Monsieur Cramp hatte für uns ein offenes Ohr.

---

si ob

"Bonjour, Monsieur Cramp", begann ich, "aujourd'hui, nous devons **partir un peu plus tôt**, parce que nous voulons aider le frère d'Éli à retrouver sa chatte. Elle a disparu."

Cramp schaute auf die Uhr, kräuselte die Brauen und nickte schließlich.

"Bon, **d'accord**, c'est vrai, **il est presque cinq heures déjà**." Er unterschlug großzügig anderthalb Stunden! "**Bonne chance** alors. J'espère que vous allez la trouver, cette chatte."

Ich musste an Monsieur Cramps Golden Retriever Spooky denken. Wir wussten, dass unser Lehrer sehr an seinem Hund hing. Wie erleichtert er nach unserem Bunker-Abenteuer gewesen war, als Spooky ihn auf der Türschwelle seines Hauses erwartet hatte!

Luca fuhr mit seinem Roller nach Hause, wir nahmen die Straßenbahn. Auf dem Weg nach **Sarreguemines** unterhielten Éli und ich uns nur über ein einziges Thema. Angeregt durch Kathys Schauergeschichten, stellten wir die übelsten Spekulationen an, was mit den entführten Haustieren wohl geschehen sein könnte.

---

partir un peu plus tôt ein bisschen früher gehen
d'accord einverstanden
il est presque cinq heures déjà es ist schon fast fünf Uhr
bonne chance viel Glück
Sarreguemines Saargemünd (Stadt in der französischen Region Lothringen)

"Je pense que cette histoire des laboratoires **n'est pas tirée par les cheveux.** J'ai vu, dans un journal **français**, des photos de ces animaux qui **servent de cobayes**."

Éli schüttelte sich bei der Erinnerung an die Fotos. Ich hatte auch schon welche gesehen, doch ich konnte und wollte mir nicht vorstellen, dass Ophélie einer solchen Gräueltat zum Opfer gefallen war.

"Écoute, Éli, je ne pense pas qu'ils volent des **animaux domestiques** pour ça. Ces animaux **sont élevés exprès**. C'est **beaucoup plus facile** et **sans risque** pour les **labos**."

"Tu penses?" Éli betrachtete mich, als wünsche er sich dringend, das zu glauben.

Ich aber war umso überzeugter, je länger ich darüber nachdachte. Durch Haustierdiebstähle würden Versuchslabors doch erst auf sich aufmerksam machen, und das war sicher nicht deren Absicht. Die dürften ohnehin genügend Gegner haben – und zwar zu Recht!

---

n'est pas tirée par les cheveux ist nicht an den Haaren herbeigezogen
français französisch
servent de cobayes als Versuchskaninchen dienen
animaux domestiques Haustiere
sont élevés exprès werden extra gezüchtet
beaucoup plus facile viel einfacher
sans risque ohne Risiko
labos (Abk. für laboratoires) Labors

"Ton amie a raison", erklang eine Stimme aus der Sitzreihe hinter uns. Ein grauhaariger Mann beugte sich vor. "Excusez-moi, j'ai écouté votre **conversation**. Moi aussi, j'ai lu que les laboratoires élèvent leurs animaux **eux-mêmes**."
"Et pourquoi **plusieurs** chats et chiens ont-ils disparu **récemment** dans notre ville?", fragte Éli den Mann.
"J'ai un ami qui travaille à la SPA, la **Société Protectrice des Animaux**. Il m'a raconté que, **de temps en temps**, des animaux disparaissent **plus que d'habitude**. Et **personne ne sait pourquoi.**"
Hmm, so einen Fall hatten wir wohl gerade. Der Mann erklärte, dass jedes Mal, wenn Haustiere verschwanden, sofort die Vermutung aufgeworfen werde, die Tiere würden in großem Stil in passenden Fahrzeugen abgekarrt und in Labors verfrachtet. Man mutmaße regelmäßig, dass Katzen mit Duftködern angelockt würden. Ebenso regelmäßig werde auch die Polizei informiert, und der Tierschutzbund trete dann ebenfalls auf den Plan.

---

conversation Gespräch
eux-mêmes selbst
plusieurs mehrere
récemment kürzlich
Société Protectrice des Animaux (SPA) Tierschutzverein
de temps en temps von Zeit zu Zeit
plus que d'habitude mehr als gewöhnlich
personne ne sait pourquoi keiner weiß warum

"Même si c'est difficile à croire, **il n'y a jamais eu de preuves** que les laboratoires étaient **responsables** de **ces disparitions**."

"**Tant mieux.** Mais **comment est-ce possible alors**?", wollte ich wissen.

"Ces animaux, **paraît-il**, trouvent **tout simplement** de nouveaux **maîtres** et de nouvelles **maîtresses**. Et très, très souvent, c'est la SPA qui les ramène chez leurs **propriétaires**."

Wir erreichten die Stadtgrenze, und der Mann musste aussteigen. Er verabschiedete sich mit den Worten: "Bonne chance pour votre chat alors."

Wir hatten noch ein paar Stationen vor uns und verfolgten weiter unsere Spekulationen. Komisch, es war, als wollten wir alle Grausamkeiten in Betracht ziehen. Wahrscheinlich, um sie nacheinander auszuklammern.

"Tu penses qu'on a volé Ophélie pour sa jolie robe?", fragte Éli, nachdem er bestimmt eine Minute lang seine Unterlippe mit den Zähnen traktiert hatte.

---

il n'y a jamais eu de preuves es hat nie Beweise gegeben
responsables verantwortlich
ces disparitions dieses Verschwinden
tant mieux umso besser
comment est-ce possible alors wie ist es also möglich
paraît-il so scheint es
tout simplement ganz einfach
maîtres Herrchen
maîtresses Frauchen
propriétaires Besitzer

Die Geschichte von Kathys Cousin also, laut dem Katzenfelle zu Wärmedecken verarbeitet wurden … Aber die Farbe des Fells spielte dafür keine Rolle. Überhaupt konnte ich mir das genauso wenig vorstellen. Welcher Idiot würde sich mit Tierdiebstahl verdächtig machen, wenn Katzen ganz leicht zu züchten waren? Schütteln musste ich mich bei dem Gedanken trotzdem. Denn Tiere zu züchten, um ihr Fell weiter zu verarbeiten, war einfach herzlos. Ich für meinen Teil würde nie im Leben eine Pelzjacke tragen, das war klar!

"Mais non Éli, on te l'a déjà dit. C'est facile d'élever des chats. Les labos **n'ont pas besoin de les voler**."

Ich hatte jetzt aber wirklich die Nase voll von Élis grausigen Gedanken und wollte mich lieber darauf konzentrieren, Marcs Katze zu *finden*. Zum Glück fuhren wir eben in die Endstation ein. Wir stiegen aus und liefen so schnell wir konnten zu Éli nach Hause.

Dort fanden wir eine aufgelöste Sarah und einen todtraurigen Marc vor. Élis Mutter war auf der Arbeit im Krankenhaus. Sarah erzählte, dass ihre Maman den ganzen Morgen herumtelefoniert und nach Ophélie gefragt hatte, aber auf keine Spur gestoßen sei. Als die beiden nach Hause kamen, hatte Madame Dupreux zur Arbeit fahren müssen, weil sie niemanden fand, der

---

n'ont pas besoin de les voler brauchen sie nicht zu stehlen

die Schicht mit ihr tauschen konnte. Sie wäre an dem Tag liebend gern daheim geblieben, bei ihren traurigen Kindern.

“Éli, **nous aimerions aller à la police**.” Sarahs Stimme klang entschlossen, während Marc seine Schluchzer kaum unterdrücken konnte.

Ich sah Éli an. Hinter seiner Stirn arbeitete es. “La police ...”

Wir hatten ja schon die Bekanntschaft einiger Polizisten gemacht. Vielleicht würden wir Glück haben und auf Jean oder einen seiner Kollegen treffen.

“Oui, vous avez raison“, sagte er schließlich. “Nous pouvons **faire une déclaration**. Prenons les vélos!”

Ich benutzte das Fahrrad seiner Mutter. Quer durch die Stadt radelten wir alle gemeinsam zur Polizeiwache. Mit einem leichten Flattern im Bauch folgte ich Éli in den Raum. Hinter dem Tresen saß tatsächlich Jean! Als er uns erkannte, bedeutete er seinem Kollegen am Schreibtisch gegenüber sitzenzubleiben, stand selbst auf und kam zu uns.

“**Ça alors!** Vous avez encore pris des **larrons**?”, scherzte er, doch seine freundliche Miene wurde ernst,

---

nous aimerions aller à la police wir würden gern zur Polizei gehen
faire une déclaration eine Meldung machen
Ça alors! Na so was!
larrons Diebe

als er Marcs verheultes Gesicht sah. "**Que s'est-il passé?**"
"Nous pensons que la petite chatte de notre frère a été **enlevée**", erklärte Éli.
Jean zog die Brauen hoch. Offensichtlich lag ihm eine Antwort auf der Zunge, doch er schwieg beim Blick in Marcs Augen. Nach einem kurzen Moment ging er zu seinem Schreibtisch, nahm ein Klemmbrett mit einem Formular und trat durch eine Schwingtür vor den Holztresen. Den fragenden Blick seines Kollegen ignorierend, ging er in die Hocke, womit er auf Marcs Augenhöhe war.
"Ton chat a disparu, c'est bien cela?"
Marc nickte und biss sich auf die Lippen.
"Tu peux me dire de quelle couleur est ton chat?"
"Sa robe est grise", flüsterte Marc.
Jean füllte eine Zeile seines Formulars aus.
"C'est un **matou** ou une chatte?"
"Une chatte, **elle s'appelle** Ophélie. Elle a un an et elle est grande comme ça." Marc zeigte mit der Hand Ophélies Größe an.
Geschäftig notierte Jean alle Angaben, schrieb dann Marcs Personalien auf.

Que s'est-il passé? Was ist passiert?
enlevée entführt
matou Kater
elle s'appelle sie heißt

"Écoute, mon ami. **J'ai tout noté** et **je vais m'en occuper**."

Marc nickte stolz und hoffnungsvoll.

"**Dès que** nous aurons trouvé Ophélie, nous te la ramènerons **chez toi**, d'accord?"

Wieder nickte Marc. "Merci", flüsterte er.

Jean stand auf und sah Éli und mich an. "D'habitude, les chats reviennent **d'eux-mêmes**."

Jean bestätigte, was der Mann in der Bahn vorhin zu uns gesagt hatte. Umso toller fand ich, dass er Marc zuliebe trotzdem den Fall aufgenommen hatte, auch wenn er vielleicht nur so tat als ob! Die Polizei hatte sicher Besseres zu tun, als nach einer entlaufenen Katze zu fahnden. Aber Marc machten sie damit jedenfalls neuen Mut.

"Est-il vrai que plusieurs animaux ont disparu **ces derniers temps**?", fragte Sarah, die die ganze Zeit zugehört hatte.

Jean nickte. "Oui, c'est vrai. Deux chiens et un chat ont disparu. Ce sont des **animaux de race**, vous savez …"

---

j'ai tout noté ich habe alles notiert
je vais m'en occuper ich werde mich darum kümmern
dès que sobald
chez toi zu dir nach Hause
d'eux-mêmes ganz von alleine
ces derniers temps in letzter Zeit
animaux de race Rassetiere

"Ils ont été volés pour être vendus, vous pensez?", wollte Éli wissen.
"**C'est possible.** Mais **jusqu'à présent**, nous n'avons pas **assez d'informations**. **En tout cas,** ce n'est pas du kidnapping, **sinon quelqu'un aurait demandé une rançon.**"
"Jean, tu peux venir un instant, s'il te plaît?", rief der Kollege hinter dem Tresen.
Jean verabschiedete sich, wünschte uns Glück bei der weiteren Suche und ging nach hinten. Wir verließen die Wache und machten uns auf den Rückweg.

Als hätten wir uns verabredet, schlugen wir diesmal einen anderen Weg ein und kamen durch das Wohngebiet oberhalb der Siedlung der Dupreux'. In den hübschen, schon etwas in die Jahre gekommenen Einfamilienhäusern wohnten größtenteils ältere Leute. Ich kannte die Gegend, weil eine gute Freundin meiner Oma, Else Mazar, hier wohnte. In der Zeit, als ich sie regelmäßig besucht hatte – als Oma noch lebte –, bewohnte sie ihr Häuschen allerdings schon alleine. Ihre beiden Kinder Marilena und Frank waren weg-

---

c'est possible das ist möglich
jusqu'à présent bis jetzt
assez d'informations genügend Informationen
en tout cas auf jeden Fall
sinon quelqu'un aurait demandé une rançon sonst hätte jemand Lösegeld verlangt

gezogen, nachdem sie Arbeit in anderen Städten gefunden hatten. Ich hielt Ausschau nach dem grün gestrichenen Häuschen und sah es erst, als Éli und Marc schon daran vorbeigefahren waren. Irgendetwas an dem Anblick ließ mich stutzen. Da stimmte was nicht …

"Attendez", rief ich und hielt neben dem Trottoir an. Was störte mich am Anblick des Hauses? Ich ließ meine Blicke über das helle Apfelgrün wandern, betrachtete die Fenster, hinter denen wie immer viele Orchideen standen. Else hatte ein Händchen für diese Blumen, und normalerweise konnte man hinter jedem Fenster eine andere Sorte der exotischen Pflanzen sehen – immer in voller Blüte. Ich runzelte die Stirn. Diesmal hatte sie anscheinend Pech gehabt: Die verdorrten Blüten hingen traurig herab, ganze Stiele waren sogar kahl. Der Fensterladen von Elses Schlafzimmer im oberen Stockwerk war herabgelassen. Seltsam, um diese Uhrzeit! Ein mulmiges Gefühl breitete sich in meinem Bauch aus. Ob es ihr gut ging? Ich konnte mich gar nicht mehr von dem Anblick lösen und dachte darüber nach, wann ich sie das letzte Mal besucht hatte.

"Qu'as-tu, Lora?" Éli war zu mir herangefahren und sah zum Haus hin. "Pourquoi regardes-tu cette maison comme ça?"

"Je ne sais pas … C'est étrange. Tu vois les fleurs derrière les fenêtres?"

"Oui, pourquoi?"

"Elles n'ont jamais été **dans un tel état.**"
Ich erzählte Éli, dass ich die Bewohnerin des Hauses kannte und dass ihre Orchideen ihr über alles gingen. Dass sie sie ganz sicher nie so verkommen lassen würde.
Éli lachte. "Tu sais, **un jour ou l'autre,** les fleurs **se fanent**. Elle n'a **pas encore** eu le temps de les **enlever**, c'est tout."
Ich zog eine Schnute. "Oui, tu as peut-être raison."
Trotzdem beschloss ich, mit Mama darüber zu reden, ob ich Else Mazar besuchen sollte. Vielleicht klingelte ich einfach mal, um mich für morgen anzumelden? Doch wenn Else ein Schläfchen hielt, dann wollte ich sie auch nicht wecken.

"Écoutez, c'est Ophélie!", rief Sarah in meine Gedanken hinein.
"Quoi?"
Sarah hatte ihr Fahrrad ein Stück weiter die Straße hinaufgeschoben. Sie winkte Marc zu sich, der noch weiter gefahren war. Auch Éli und ich schoben unsere Räder zu ihr.
"**Chut!**" Sarah führte den Zeigefinger an den Mund.

---

dans un tel état in so einem Zustand
un jour ou l'autre irgendwann
se fanent verwelken
(ne) ... pas encore noch nicht
enlever wegzunehmen
Chut! Pst!

Ich hörte leise einen Hund bellen. Es kam aus der Richtung von Elses Garten hinter dem Haus, aber weiter weg.
"Mais non, c'est un chien", sagte Éli.
Sarah schüttelte den Kopf. "Oui, je sais, mais **il y a autre chose encore**! Ophélie?"
Nichts.
Sie rief lauter: "Ophélie, tu m'entends, **ma belle**?"
"**Miaou**", klang es leise.
"C'est toi, Ophélie?"
Marc warf sein Fahrrad auf den Bürgersteig und lief zum Nachbarhaus von Else Mazar. Wieder erklang ein klägliches Miauen. Für mich hörte es sich wie jedes Miauen an. Aber Marc schien überzeugt davon, dass das die Stimme seiner Katze war.
"Où es-tu?"
"Miaooou."
Doch, diese Katze antwortete ganz offensichtlich auf Marcs Rufe. Marc öffnete das Gartentürchen zu dem Haus, aus dessen Richtung die Katzenstimme kam. Er lockte immer wieder und lauschte auf das Miauen, bis er vor der Garage stand. Das Holztor der alten Garage war verschlossen, an der Seite, neben einem Kirschbaum, stand ein schmales Oberlicht offen. Von

---

il y a autre chose encore da ist noch was anderes
ma belle meine Hübsche
miaou miau

dort oben klang die Katzenstimme heraus. Bestimmt war Ophélie den Baum hinauf und durch das Fenster in die Garage geklettert!
"Je vais sonner."
Éli lief zur Haustür. Auf sein Klingeln öffnete eine ältere Dame.
"Oui?" Sie musterte uns fragend.
"Bonjour Madame, excusez-moi **de vous déranger**, mais je pense que notre chatte est **enfermée** dans votre garage", erklärte Éli.
"Ah bon? **Nous n'utilisons plus le garage depuis longtemps.** Mon **mari** ne conduit plus. Et vous dites qu'il y a une chatte?"
Sarah lief herbei und sprach auf die Frau ein. "Oui, Madame, c'est vrai. Je l'entends. Elle est peut-être entrée par la petite fenêtre."
"Bien, si tu le dis. Allons voir, attendez, **je vais chercher** la clé."
Sie ging ins Haus und kam kurz darauf mit einem großen, altmodischen Schlüssel zurück, mit dessen Hilfe sie das Tor aufschloss. Die Tür quietschte in den Angeln, als sie sie aufzog. Schon durch den ersten

---

de vous déranger Sie zu stören
enfermée eingesperrt
Nous n'utilisons plus le garage depuis longtemps. Wir benutzen die Garage schon seit langem nicht mehr.
mari Mann (Gatte)
je vais chercher ich gehe … holen

kleinen Spalt schoss ein grauer Blitz hervor, und keine Sekunde später hielt Marc seine geliebte Katze im Arm. Sie begrüßte ihn mit einem lauten Schnurren. Wir lachten erfreut auf.

Ich spähte hinter das Garagentor. Muffige Luft schlug uns entgegen. Deshalb war wohl auch das Oberlicht geöffnet. Ein alter Citroën kam zum Vorschein, eines dieser Riesenschiffe, die in der Jugendzeit unserer Eltern hip gewesen waren. Mein Vater liebte diese Autos und suchte schon lange nach einem. Bisher allerdings ergebnislos.

"**Whouah**, elle est super votre voiture!"

Éli und seine Schwäche für schöne Autos. Aber diesmal musste ich ihm Recht geben. Marcs Augen leuchteten nicht weniger.

Die ältere Frau lachte auf. "Oui, ce **vieux tacot** est presqu'un oldtimer. Mon mari se le garde **précieusement**. Il espère que notre fils le conduira **un jour**."

Ein charakteristisches Knattern näherte sich.

Luca! Was machte er denn hier in der Straße? Ich trat zu Marc und streichelte Ophélie, die die Zärtlichkeiten mit einem lauten Schnurren quittierte.

---

whouah wow
vieux tacot alte Karre
précieusement wie einen Schatz
un jour eines Tages

Luca hielt an und stieg von seinem Scooter ab.
"Bonjour, Madame Rampin, vous allez bien? **Voici** vos médicaments. Salut Éli, salut Lora!"
Luca reichte Madame Rampin lächelnd eine kleine Plastiktüte aus der Apotheke. Dann trat er neben Marc und mich und kraulte Ophélie hinter den Ohren.
"**Dis donc** Marc, c'est Ophélie? Vous l'avez retrouvée alors, la petite **fuyarde**? C'est super!"
"Merci beaucoup, Luca", sagte Madame Rampin. "Oui, **figure-toi**, la chatte **s'est perdue** dans notre garage. Et je ne l'ai même pas **remarquée**."
"**Ce n'est pas grave. Ce qui compte** c'est que nous l'avons retrouvée, ma petite Ophélie." Marc strahlte über das ganze Gesicht. "**Après tout, cela ne faisait qu'un jour qu'elle avait disparu.**"
Wir verabschiedeten uns von Madame Rampin. Da Marc Ophélie auf dem Arm trug, schob Éli sein Fahrrad mit der einen und das seines Bruders mit der anderen Hand. Luca begleitete uns. Mir fiel ein, dass wir ja

---

voici hier sind
dis donc sag mal
fuyarde Ausreißerin
figure-toi stell dir vor
s'est perdue hat sich verirrt
remarquée bemerkt
ce n'est pas grave das ist nicht schlimm
ce qui compte was zählt
Après tout, cela ne faisait qu'un jour qu'elle avait disparu. Immerhin war sie ja nur einen Tag lang verschwunden.

Ophélies Verschwinden bei der Polizei gemeldet hatten! Hmm, wir mussten Bescheid geben, dass sie wieder da war. Peinlich …

Wir erzählten Luca von der Sache.

"Je peux y aller pour vous, si vous voulez", bot er an.

Klasse!

Als wir bei Éli ankamen, schwang Luca sich auf seinen Roller und fuhr zurück in den Ort. Mit etwas Glück würde er Jean noch antreffen.

Für mich war es fast schon wieder Zeit für die Heimfahrt. Heute wollte ich mich nicht verspäten. Zumal ich vorhatte, morgen nach der Schule schon wieder herzukommen.

"Éli, demain je **voudrais rendre visite** à cette vieille dame **dont je t'ai parlé**. **Tu m'accompagneras?**"

"D'accord, **pourquoi pas**."

Auf dem Heimweg dachte ich über Elses Blumenfenster nach. Ich konnte mir nicht vorstellen, dass sie die verdorrten Blüten einfach so stehen lassen würde. Das musste etwas bedeuten – entweder hatte Elses Krankheit sich verschlechtert, und sie konnte sich nicht um ihre Blumen kümmern. Oder da steckte etwas

---

voudrais möchte
rendre visite (à) besuchen
dont je t'ai parlé von der ich dir erzählt habe
Tu m'accompagneras? Kommst du mit?
pourquoi pas warum nicht

Anderes dahinter. Ich wollte gleich heute Abend mit Mama darüber reden.
Was hinter den vertrockneten Orchideen wirklich steckte, hätte ich mir freilich niemals träumen lassen, sonst hätte ich keinen Tag länger gewartet.

Ein verhinderter Besuch

Beim Abendessen packte ich sofort den Stier bei den Hörnern.

"Mama, ich habe heute das Haus von Else Mazar gesehen. Also, irgendwas stimmt da nicht. Ihre Blumen sind alle verwelkt."

Ich schmierte mir Streichkäse auf's Brot und sah abwartend meine Mutter an.

"Aber Schatz, das kann doch mal vorkommen, dass die Blumen verwelkt sind. Wieso meinst du, dass da was nicht stimmt?"

"Na, überleg doch mal. Weißt du noch, wie wichtig Else ihre Blumen immer waren? Also nee, ich glaube nicht, dass sie sie verwelken und dann einfach stehen lassen würde."

Mein Vater lachte auf. "Ich kenne eure Else ja nicht so gut, aber wo Lora recht hat, da hat sie recht. Die wenigen Male, wo ich euch zu ihr gebracht habe, sind mir ihre wunderbaren Orchideen hinter den Fenstern aufgefallen."

Mama stützte nachdenklich das Kinn auf.

"Wann haben wir sie denn überhaupt zum letzten Mal besucht? Das muss ja schon über ein Jahr her sein. Wenn nicht sogar zwei."

Sie runzelte die Stirn. Offensichtlich plagte sie das schlechte Gewissen.

Ich nutzte die Gelegenheit, um sofort nachzuhaken.

“Ich habe mir überlegt, dass ich morgen einfach mal bei ihr vorbeischaue. Ich könnte ihr eins von den Kaffeestückchen mitbringen, die sie immer so gern gegessen hat.”
Mamas Mund verzog sich zu einem erfreuten Lächeln. “Ja, Schatz, das ist eine wunderbare Idee. Ich bringe dich mit dem Auto zur Bahn, dann können wir auf dem Weg beim Bäcker eine Puddingschnecke für sie kaufen.”
Ich nickte. “Und eine Flasche von dem Orangensaft, den sie so mag.”
Damit war die Sache abgemacht, und ich brauchte nicht mehr groß um Erlaubnis zu fragen, ob ich mit Éli nach Hause fahren durfte.

In der Schule trafen Éli und ich am nächsten Morgen als erstes auf Kathy. Sie wirkte verunsichert.
“Est-ce que la chatte est revenue?”
“Ouiiii”, antwortete Éli, “nous l’avons retrouvée hier après-midi. Elle était enfermée dans un garage, **tu te rends compte**?”
Kathy lachte erleichtert auf. “**Ouf**, **cela m’ôte une épine du pied**. Tu sais, hier j’en ai encore parlé avec

---

Tu te rends compte? Kannst du dir das vorstellen?
ouf uff
cela m’ôte une épine du pied da fällt mir ein Stein vom Herzen (Redewendung; wörtlich “das zieht mir einen Dorn aus dem Fuß”)

mon oncle. Et il m'a **confirmé** que ce que je vous ai raconté n'est **pas du tout** faux."

Was hieß denn das jetzt wieder? Gestern hatten wir doch in der Straßenbahn gehört, dass diese wüsten Verdächtigungen von wegen Haustierentführung zur "Weiterverarbeitung" – in welcher Form auch immer – überhaupt nicht belegbar waren. Ich schüttelte den Kopf.

"Non, Kathy, je ne peux pas le croire. Nous avons rencontré un monsieur hier et il nous a dit que ces histoires ne sont pas vraies."

"Encore des **horreurs au sujet** des animaux?", fragte Éli.

Kathy lief feuerrot an, doch sie nickte entschlossen. "Oui, mon oncle **s'y connaît** et il m'a dit qu'il y a des **éléments** qui pourraient **expliquer** …"

"Attends", sagte ich, "mais ce ne sont pas des preuves."

"**Évidemment**, ce ne sont pas des preuves. Mais nous pourrions **essayer** de rester **attentifs**." Sie schob den

---

confirmé bestätigt
pas du tout überhaupt nicht
horreurs Schauergeschichten
au sujet (de) über
s'y connaît kennt sich damit aus
éléments Elemente
expliquer erklären
évidemment natürlich
essayer versuchen
attentifs aufmerksam

Kopf vor. "Vous avez bien dit qu'il y a encore d'autres animaux qui ont disparu, **n'est-ce pas**?"
"Oui, c'est vrai. Audric cherche son chien, et dans notre **quartier**, **un autre chat de race** a disparu."
"Audric, oui, **je me souviens**. J'ai entendu quand il en a parlé à quelqu'un."
Jedenfalls war es eine gute Idee, die Augen offen zu halten.
"Kathy, tu as raison. Nous devons **faire attention**."

Der Schultag zog sich hin wie Kaugummi, und die Nachmittagsbetreuung schien auch kein Ende zu nehmen. Aber dann verdrückten wir uns eine halbe Stunde früher. Éli hatte seiner Mutter bereits gesagt, dass er mit mir zusammen einer alten Bekannten von mir einen Besuch abstatten wollte, und so schlugen wir von der Straßenbahn aus sofort den Weg zu Elses Haus ein. Unterwegs erzählte ich Éli alles von ihr. Sie war die beste Freundin meiner Oma gewesen, hatte vor ewigen Zeiten einen Franzosen geheiratet und war mit ihm nach Frankreich gezogen. Ihr Mann starb in jungen Jahren, und als ihre beiden Kinder berufstätig waren und in unterschiedlichen Städten eine Heimat

---

n'est-ce pas nicht wahr
quartier Stadtviertel
un autre chat de race eine weitere Rassekatze
je me souviens ich erinnere mich
faire attention aufpassen

gefunden hatten, war sie hierher an die französisch-deutsche Grenze gezogen. Sie wohnte nun schon einige Jahre in dem Einfamilienhaus.
"**Quel âge a-t-elle**, cette dame?", fragte Éli.
"**Dans les soixante-dix ans.** Je sais qu'elle est malade, mais elle veut rester chez elle **aussi longtemps que possible**."
Das schlechte Gewissen zwickte mich. "**Cela doit faire plus d'un an** que je ne l'ai pas vue."

Wir erreichten das Haus, und ich ging durch den Vorgarten auf die Tür zu. Plötzlich war ich aufgeregt. Wie mochte es Else gehen? Ich drückte auf den Klingelknopf. Im Haus polterte etwas, doch niemand öffnete. Unsicher sah ich Éli an. Er zuckte mit den Schultern und drückte ein zweites Mal auf die Klingel.
"Un moment, s'il vous plaît", erklang eine Stimme von irgendwoher.
Ein Hund bellte, doch ich war mir nicht sicher, ob es aus dem Haus oder einem der Nachbarhäuser kam. Ich wusste, dass Else einen Kater besaß, von einem Hund wusste ich nichts. Wir warteten jetzt bestimmt schon fünf Minuten hier. Von drinnen hörten wir

---

quel âge a-t-elle wie alt ist sie
dans les soixante-dix ans um die siebzig
aussi longtemps que possible solange wie möglich
cela doit faire plus d'un an das muss länger als ein Jahr her sein

Geräusche, als räume jemand große Gegenstände herum. Seltsam. Eine Tür schlug.
Dann öffnete sich endlich die Haustür. Eine dunkelhaarige Frau um die Dreißig warf uns einen misstrauischen Blick zu.
"Oui?"
"Bonjour Madame, je voudrais rendre visite à Madame Mazar. Elle n'est pas là?"
Für einen schrecklichen Moment dachte ich, Else wäre gestorben und wir hätten es nicht mitgekriegt. Doch die Frau lächelte gezwungen und schüttelte den Kopf.
"Non, elle n'est pas là. Elle est à l'hôpital."
Ich stand da wie der Honk vom Dienst. Im Krankenhaus?
Was sollte ich denn jetzt machen? Wer war eigentlich diese Frau?
"À l'hôpital?", wiederholte ich lahm.
"Oui, elle est **gravement malade**, tu sais?"
"Oui, oui, je sais, mais je ne pensais pas que ..."
"Marlène, qui est là?", erklang da eine männliche Stimme, und ein gut aussehender jüngerer Mann trat neben die Frau.
Marlène drehte sich zu ihm und blitzte ihn mit feurigen Augen an.
"Ce sont des enfants qui voudraient rendre visite à maman."

---

gravement malade schwer krank

Offensichtlich waren die beiden ein Paar. Die Frau wirkte durch ihren maskulinen Haarschnitt und den Blick irgendwie düster und streng, er hingegen, mit seinem blonden Wuschelschopf und den blau leuchtenden Augen, schien unheimlich nett zu sein.
Hatte die Frau "maman" gesagt? Ach, war das etwa Elses Tochter Marilena? Ich konnte mich kaum an sie erinnern, weil ich sie als kleines Mädchen zum letzten Mal gesehen hatte. Damals hatte mich ihre auffallende Schönheit beeindruckt, doch ihre Haare waren nicht so dunkel gewesen. Na ja, die hatte sie wohl gefärbt. Altersmäßig könnte es jedenfalls passen. Sie wirkte etwas älter als ihr Partner.
Er strahlte uns an, blieb dann mit seinen himmelblauen Augen an mir hängen.
"Vous vouliez voir Else? **Malheureusement**, elle n'est pas là."
Sein Lächeln verwirrte mich.
"**Euh** … oui … euh", stammelte ich.
Éli sprang mir zur Seite.
"Oui, nous voulions voir Madame Mazar. Et vous", wandte er sich an die Frau, "vous êtes sa fille? "
"Oui, moi, je suis sa fille, Marlène. Et voici Valentin. Nous sommes ici **pour quelques jours**. Quand

---

malheureusement leider
euh hmm
pour quelques jours für ein paar Tage

Maman rentrera de l'hôpital, **nous retournerons à Paris**."

Hmm, irgendwie komisch. Mich störte an dieser Geschichte etwas, aber ich wusste nicht was. Valentin streckte eine Hand in unsere Richtung und bedachte uns mit einem strahlenden Lächeln.

"**C'est très gentil à vous** de **venir la voir**. Mais **en ce moment**, elle ne va pas très bien. Revenez **dans une quinzaine de jours**."

"Oui, revenez **plus tard**. Au revoir et **merci pour votre visite**." Marlène schob Valentin nach hinten und schlug uns die Tür vor der Nase zu.

Ich blieb verdutzt stehen, bis Éli mich wegzog.

"C'est bizarre, n'est-ce pas?", murmelte ich.

"Pourquoi? Tu le sais qu'Else est malade. Qu'est-ce qu'elle a **d'ailleurs**?"

"Une **maladie musculaire**, je crois."

"**Donc, elle est mieux à l'hôpital.**"

---

nous retournerons à Paris fahren wir nach Paris zurück
c'est très gentil à vous es ist sehr nett von euch
venir la voir sie besuchen zu kommen
en ce moment im Augenblick
dans une quinzaine de jours in ungefähr zwei Wochen
plus tard später
merci pour votre visite Danke für euren Besuch
d'ailleurs übrigens
maladie musculaire Muskelkrankheit
donc, elle est mieux à l'hôpital folglich ist sie im Krankenhaus besser aufgehoben

Ja, klar war es logisch, dass sie auch mal ins Krankenhaus musste. Aber ich war irgendwie geschockt. Vielleicht bloß, weil ich es nicht gewusst hatte und jetzt nicht zu ihr konnte. Das wohlbekannte Knattern eines Motorrollers riss mich aus den Gedanken. Luca hielt neben uns an.

"Salut! Qu'est-ce que vous faites ici?"

"Je voulais rendre visite à Else Mazar. C'est une amie à ma **mamie**. Mais elle n'est pas là."

"Oui, je sais. Elle est à l'hôpital."

Er erzählte uns, dass Elses Tochter vor ein paar Tagen bei der Sozialstation, für die er manchmal jobbte, das Mittagessen für Else abbestellt hatte. Auch ihre wöchentlich fälligen Medikamente lieferte er derzeit nicht hierher. Die erhalte sie im Krankenhaus, hatte ihm die Tochter erklärt.

Ach so. Dann schien ja alles seine Richtigkeit zu haben.

Plötzlich hörte ich eine knarzige Stimme vor sich hin schimpfen.

"Encore ces enfants, mais ils n'ont rien d'autre à faire que de venir **m'enquiquiner** ici!"

Hallo?! Was war das denn? Außer "enfants" hatte ich nicht viel verstanden, aber dieses Gemurre klang so unfreundlich, dass wir alle drei uns überrascht um-

---

mamie Oma
m'enquiquiner mir auf die Nerven zu gehen

drehten. Im Vorgarten von Madame Rampin werkelte ein alter, gebeugter Mann herum. Den mussten wir wohl übersehen haben. Aber er war mit seiner braungrünen Gartenkleidung zwischen den Pflanzen auch gut getarnt. Er kniete mit aufrechtem Oberkörper auf dem Pfad. Neben ihm trocknete herausgerissenes Unkraut in der Sonne. Ein braungebranntes, zerfurchtes Gesicht unter schmierig-grauen Haaren starrte uns geradezu feindselig entgegen.
Wie aus dem Film "Harry Potter" heraus gepurzelt wirkte dieser Mann. Seine Augen glühten geradezu von innen heraus. Als der Alte merkte, dass wir ihn anschauten, hörte er auf, Worte zu grummeln, und murmelte nur noch Unverständliches in seinen zerzausten, silbernen Bart. Ich sah Éli in die Augen.
"Was war das denn?", formte ich meine Frage nur mit den Lippen.
Luca hob den Arm und winkte dem Kauz fröhlich zu: "Bonjour, Monsieur Rampin. Comment allez-vous?"
Wie ertappt zuckte der Alte zusammen, rappelte sich dann überraschend schnell auf die Beine und winkte zurück. Sein abweisendes Gesicht zersprang urplötzlich in ein so fröhliches Lächeln, dass ich die Verwandlung überhaupt nicht begreifen konnte.
"Bien, très bien, merci", rief er.
Dann ließ er das Lächeln aus seinem Gesicht wieder herausfallen. Faszinierend! Seine Augen schienen wieder Giftblitze zu schießen.

Luca lächelte uns zu und zwinkerte. “C’est le mari de Madame Rampin, la dame que vous avez vue hier. Il est **un petit peu** …” Er deutete einen Kreisel neben seinem Kopf an.
“Ah, bonjour les enfants”, erklang da die freundliche Stimme von Madame Rampin von der Haustür her. “Votre chatte est **toujours** chez vous?”
Mit ein paar Schritten kam sie zur Straße. Ihrem Mann warf sie einen tadelnden Blick zu.
“Le-chat-est-chez-vous”, äffte er sie nach.
Was war das nur für ein komischer Geselle? Seine Frau zischte ihm ein “chut!” zu und lächelte uns dann wieder an.

“Il **souffre** beaucoup **ces jours-ci**”, versuchte sie die Unfreundlichkeit ihres Mannes zu erklären.
Sie erkundigte sich nach dem Wohlergehen von Ophélie. Éli erklärte, dass die Katze sich vermutlich vorerst nicht mehr nach draußen wagte. Ihr Mann trottete langsam näher. Mir war er nicht ganz geheuer. Doch als er auf Höhe seiner Frau war, legte sie ihren Arm um seine Mitte, und er blieb ganz friedlich stehen.
Da spürte ich etwas Warmes, Weiches an meiner Wade. Eine Katze strich mir um die Beine und schnurrte laut.

---

un petit peu ein kleines bisschen
toujours immer noch
souffre leidet
ces jours-ci in den letzten Tagen

Das war ja Elses Kater Mikesch! Ich bückte mich, um ihm das stark angegraute Fell zwischen den Ohren zu streicheln. Er stupste mir seinen dicken Kopf unter die Handfläche, ging dann aber zielstrebig weiter zum alten Rampin, blieb vor ihm stehen und schaute ihn von unten herauf mit schiefgelegtem Kopf an. Else lachte, während ihr Mann Beschimpfungen murmelte, die nur er selbst verstand.

"Miaooouuu", ließ Mikesch einen langgezogenen Klagelaut vernehmen.

Monsieur Rampin schnaubte und stieß eine Art Knurren aus. Dann bellte er einmal. Mikesch duckte sich und stellte das Fell. Das war ja ein interessantes Schauspiel! Es wirkte wie einstudiert. Ich konnte diesen Monsieur Rampin überhaupt nicht einschätzen. Er löste sich jetzt aus dem Arm seiner Frau, während Mikesch weiterhin das Fell sträubte und einen seltsamen Knurrlaut von sich gab. Dann stampfte der Alte mit dem Fuß fest vor Mikesch auf. Der Kater jaulte und schoss, so schnell es seine altersschwachen Beine erlaubten, quer durch den Vorgarten. Zielsicher visierte er eine Lücke im Zaun an und quetschte sich hindurch. Nun war er wieder im Vorgarten von Elses Haus. Er lief die Stufe zur Haustür hoch und strich schnurrend um die braungebrannten Waden von Valentin, der dort oben stand.

Offenbar hatte er den Kater hinausgelassen. Mikesch verdrückte sich jetzt nach drinnen. Sicher wollte er sich

wieder auf seinen Lieblingsplatz legen, das abgewetzte Kissen auf der Chaiselongue in Elses Wohnstube.
Valentin lehnte die Haustür an und schlenderte über den Bürgersteig zu uns herüber.
“Ah, vous êtes toujours là. **J’ai sorti le chat. Il a passé toute la journée** dans la maison.”
Mit seinen in die Stirn gestrubbelten Blondhaaren sah er aus, als sei er gerade von einem Foto-Shooting für männliche Models gekommen. Die Hände in den Taschen seiner 7/8-Hose, lächelte er uns der Reihe nach an.
“Madame, Monsieur, bonjour”, grüßte er in deren Richtung.

Erstaunt sah ich, wie eine zarte Rosatönung die Wangen von Madame Rampin überzog. Interessant! Ich hatte bisher noch nie jemanden getroffen, dessen unverschämtes Lächeln eine so starke Wirkung hatte. Ich nahm mir vor, mich auf keinen Fall von ihm um den Finger wickeln zu lassen.
Der einzige, der außer mir dem Charme Valentins standhielt, war der knarzige Monsieur Rampin. Er sah den jungen Mann ebenso unfreundlich an wie uns zuvor. Seine Frau berichtete indessen Valentin von Ophélie, die sich gestern in ihre Garage verlaufen hatte.

---

j’ai sorti le chat ich habe die Katze rausgelassen
il a passé toute la journée … sie hat den ganzen Tag … verbracht

"**C'est sa faute**", grummelte der Alte, "pourquoi vient-elle grimper sur notre arbre et sauter dans notre garage?"
Er bemerkte plötzlich, dass wir alle ihn anstarrten, und schwieg verbissen.
Mir kam eine Ahnung: Ob der Alte die Katze ganz bewusst in der Garage eingesperrt hatte?
"**Arrête-toi!**" Seine Frau zog ihn am Arm weg. Zu uns sagte sie: "Il n'est pas méchant. Il aime les animaux **plus que tout**, mais …"
Ihr Mann schnaubte, befreite sich von ihr und ging zurück zu seinem Unkraut.
Madame Rampin wandte sich an Valentin und fragte: "Comment va notre **voisine**?"
Für eine Sekunde wirkte Valentin verunsichert, doch dann lächelte er. "Elle va **un peu mieux**. Elle rentrera peut-être dans quelques jours."
"Ah, très bien. Et vous restez ici **combien de temps**?"
Die Rampins kannten Valentin und Marlène also. Mein seltsames Gefühl, dass da etwas nicht mit rechten Dingen zuging, verflüchtigte sich. Offensichtlich war also doch alles ganz in Ordnung.

C'est sa faute es ist ihre Schuld
Arrête-toi! Hör auf.
plus que tout mehr als alles andere
voisine Nachbarin
un peu mieux ein bisschen besser
combien de temps wie lange

"On retournera **certainement** à Paris quand elle sera à la maison."
"La pauvre", seufzte Madame Rampin. "**Tellement** malade. **Heureusement** que vous êtes venus ici, sinon, **nous n'aurions même pas su** qu'elle est à l'hôpital. **J'aurais bien aimé aller la voir** ..."
"Oui, mais elle comprendra. Elle est vraiment **brave**. Pour Marlène, c'est très difficile aussi."
Monsieur Rampin ließ ein missfälliges Schnauben vernehmen. Wir drehten uns überrascht zu ihm um. Der Alte nervte, aber echt!
"Valentin", erscholl da Marlènes Stimme vom Nebenhaus, "tu viens?"

Valentins Gesichtsausdruck änderte sich. Die Leichtigkeit wich aus seinem Blick, doch nur für einen Moment. Dann zwinkerte er uns zu und drehte sich um. Behände lief er zum Nachbarhaus und glitt durch die Haustür hinein.
"**On y va?**", fragte ich Éli.
Er nickte. Wir verabschiedeten uns von Madame Rampin.

---

certainement bestimmt
tellement so
heureusement glücklicherweise
nous n'aurions même pas su hätten wir nicht mal gewusst
J'aurais bien aimé aller la voir. Ich hätte sie gerne besucht.
brave tapfer
On y va? Gehen wir?

"Au revoir, Monsieur", rief ich in Richtung ihres Mannes.
Der grummelte sich was in den Bart. Es klang wie "**quelle atrocité**, cet **accent allemand**."
Meinte er mich? Nun, ich bin ja auch eine Deutsche. Das darf man ruhig hören. Doch dann fiel mir auf, was mich wohl schon die ganze Zeit beschäftigt hatte: Marlène hatte ebenfalls einen nicht zu überhörenden deutschen Akzent. Ich zuckte die Schultern. Ihre Mutter war ja auch Deutsche.
Nun hatten wir doch den ganzen Nachmittag schon hier vertrödelt. Allzu viel Zeit blieb uns nicht mehr, bis ich zur Straßenbahn musste. Also machten wir uns endlich auf die Socken, um den restlichen Tag noch zu nutzen.

---

quelle atrocité was für ein Gräuel
accent allemand deutsche Akzent

Gräueltaten?

Nachdem Luca sich verabschiedet hatte, um weiter seinem Dienst nachzugehen, schlugen Éli und ich den Weg zum Waldspielplatz ein.
“Crois-tu que Marlène **dit la vérité**?”, fragte ich.
Er rieb sich die Nase. “Elle est un peu … étrange. Mais les Rampin la connaissent, elle et son Valentin. Alors, **je pense que oui**.”
Ich ließ die Begegnung mit Marlène und Valentin nochmals Revue passieren. Vor allem die Frau hatte ein seltsames Gefühl bei mir ausgelöst. Sie wirkte extrem abweisend und hatte es sehr eilig gehabt, Valentin von uns weg zu rufen. Außerdem war ihr deutscher Akzent mindestens so stark wie mein eigener. Komisch irgendwie. Andererseits – ihre Mutter, Else, war Deutsche. Und wenn Marlène in Deutschland lebte und arbeitete – das wusste ich ja nicht –, dann war es wohl ganz normal, dass sie einen starken Akzent hatte. Aber sie hatten von Paris gesprochen … Also müsste sie doch akzentfrei Französisch sprechen. Naja – auch ihre Mutter, Else, hatte ihren deutschen Akzent nie ganz verloren. Ob man einen Akzent vererben konnte? So drehte ich die Gedanken in meinem Kopf hin und her und kam doch zu keinem Ende.

---

dit la vérité die Wahrheit sagt
je pense que oui ich denke ja

Éli beobachtete mich grinsend. "**Tu te méfies**, n'est-ce pas? **Je m'en doutais! Il y a quelques temps**, avec Monsieur Cramp, **tu as fait pareil** …"
Ich merkte, wie meine Wangen aufflammten. Stimmte schon, ich hatte unseren Biologielehrer Cramp noch vor ein paar Monaten verdächtigt, tablettensüchtig und in eine Diebstahlserie verwickelt zu sein. Und dabei war er der beste Lehrer, den man sich denken konnte. Ich hatte mich so dermaßen in ihm getäuscht, dass es mehr als peinlich war. Zum Glück hatte Monsieur Cramp es mir nicht übelgenommen.
"**Bof** … tu as peut-être raison."
Immerhin kannten Luca und die Rampins das Pärchen ja, also was machte ich mir Gedanken? Ich zuckte die Schultern und zeigte die Straße hinauf zu den Bäumen, unter denen der Spielplatz lag. "Regarde, il y a ton frère là-bas."
Kurz darauf erreichten wir die Klettergerüste auch schon. Nicht nur Marc war da, sondern auch seine Schwester mit dem Nachbarmädchen.
"Salut", rief Sarah, "**vous jouez à cache-cache** avec nous?"

---

tu te méfies du bist misstrauisch
Je m'en doutais! Dachte ich es mir doch!
il y a quelques temps vor einiger Zeit
tu as fait pareil hast du das Gleiche getan
bof na ja
vous jouez à cache-cache spielt ihr Verstecken

“Oui, bien sûr. **À qui le tour?**” Éli ließ seinen Rucksack fallen und lief in die Mitte des Platzes.
“Bien, à toi, Éli!”, rief Marc lachend.
Ich grinste Éli an: “**Toujours celui qui demande.**”
“D’accord”, sagte Éli gedehnt, drehte sich zum dicken Holzstamm des großen Klettergerüsts um und begann zu zählen. “Un, deux, trois …”
Wir stoben auseinander und suchten Verstecke. Ich lief ein Stück weit in den Wald hinein. Da hinten war doch noch irgendwo so ein alter Bombenkrater – eine große, tiefe Mulde, mit weichem Laub gut ausgepolstert. Das ideale Versteck. Ich huschte zwischen den Bäumen hindurch bis zu der Stelle und ließ mich rasch in die runde Mulde hineingleiten, drehte mich um, sodass ich oben am Rand hinausspitzen konnte.
“Vingt! **Prêt, pas prêt, j’arrive!**”, hörte ich Éli rufen. Anscheinend hatten alle sich gut versteckt, denn es dauerte und dauerte, und Éli machte keinen Mucks mehr. Das hieß, dass er niemanden fand! Ich grinste in mich hinein und ließ mich noch ein kleines Stückchen tiefer rutschen. Das Laub war braun und trocken, der Boden darunter weich. Es roch herrlich nach Sommerwald. Ich liebe diesen Geruch. Meine Füße sanken inzwischen komplett im Laub ein. Für einen Augen-

À qui le tour? Wer ist dran?
Toujours celui qui demande. Immer der, der fragt.
Prêt, pas prêt, j’arrive! Ich komme!

blick musste ich daran denken, wie ich ganz zu Beginn unseres Bunkerabenteuers bei dem alten Wehrmachtsbunker im saarländischen Wald mit den Beinen eingebrochen war. Hier war aber zum Glück kein Bunker in unmittelbarer Nähe! Éli schien noch immer nicht fündig geworden zu sein.
“Mais, où êtes-vous? Je **ne** trouve **personne**”, rief er.
Ich kicherte leise und streckte mich vorsichtig wieder, um über den Rand des Kraters zu spähen. Da hinten strich er durch das Unterholz und schaute in alle Richtungen suchend um sich. Sich immer wieder bückend, kam er langsam näher. Ich rutschte wieder zurück, noch ein Stückchen tiefer … Igitt! Da war etwas an meinem Fuß! Es fühlte sich trocken an, wie Krallen oder lange, knochige Finger!
“Ihhh!”, stieß ich atemlos aus und strampelte mit beiden Füßen. Bloß nicht wieder in ein Erdloch abrutschen! Oder mich von einem unheimlichen Monster fassen lassen. Ich wurde ein bisschen hektisch, das gebe ich ja zu, und strampelte so sehr mit den Füßen, dass ich überhaupt nicht mehr vom Fleck kam, sondern nur das ganze trockene Laub aufwirbelte und zur Seite schaufelte. Uff, griffen die kalten Krallen jetzt nach mir? Ich strampelte immer wilder.
“Éli, viens vite, il y a quelque chose!”, schrie ich mit kippender Stimme.

---

ne … personne keinen

Wie doof, nun rief ich wieder meinen Freund zu Hilfe … aber es war mir in dem Moment einfach egal. Mein Kumpel kam sofort angerannt.
"Lora?"
Seine Stimme klang besorgt. Bestimmt dachte auch er an unser Bunkerabenteuer zurück. Schon hörte ich seine Schritte oberhalb des Kraters durch das Laub stapfen.
"Oui, je suis ici!", schrie ich, wieder ruhiger.
Da unter meinen Füßen bewegte sich nämlich überhaupt nichts. Die Einzige, die hier Wallungen machte, war ich!
Da glitt Éli auch schon neben mir in die Mulde herab. Suchend schaute er sich um, aber er konnte natürlich nichts Bedrohliches entdecken.
"Mais qu'est-ce qu'il y a?", fragte er.
Dann schlug er mir mit der Hand an die Schulter.
"Trouvé!", grinste er.
"Lora, Éli? Où êtes-vous? Lora, pourquoi tu as **crié**?"
Marc entdeckte uns im Bombenkrater.
"Alors …", druckste ich herum. "Je croyais avoir senti quelque chose sur mon pied. Comme des **griffes** ou des doigts. J'ai eu peur. Mais apparemment, **je me suis trompée** … il n'y a rien."

---

crié geschrien
griffes Krallen
je me suis trompée habe ich mich getäuscht

Mann, war das wieder peinlich! Ich stellte mich hier an wie eine blöde Gans! Doch Marc fixierte das Laub unter unseren Füßen und runzelte die Stirn. Was ...? Ich folgte seinem Blick und stieß einen erschrockenen Kiekser aus. Da lag doch etwas, und es wirkte ziemlich ... eklig ... und unheimlich. Éli bückte sich nach dem weiß schimmernden, länglichen Ding und schob vorsichtig noch mehr Laub zur Seite. Knochen! Ein kahles Gerippe kam zum Vorschein, die Knochen waren durcheinander gewürfelt, aber der kleine Schädel war deutlich zu erkennen, und einige Rippen waren noch immer mit der kleinen, gekrümmten Wirbelsäule verbunden. Das war ein kleines Tier gewesen!
"C'est un chien ou un chat", flüsterte Marc und sprach damit auch meine Gedanken aus. "Quelqu'un l'a caché ici."
Éli nickte, und auch ich war mir sofort ziemlich sicher, dass dieses kleine Tier nicht zufällig hier gelandet war. Ich meine, das passte doch hervorragend zu dem ominösen Verschwinden von Haustieren in den letzten Tagen.
"Heureusement, on a déjà retrouvé Ophélie", murmelte Marc.
Die grauenvollsten Bilder entstanden vor meinem inneren Auge. Wer tat denn so etwas? Was war nur mit diesem Tier passiert? Allerdings sahen die Knochen aus, als lägen sie doch schon etwas länger hier.
"Ils ne sont pas très frais, ces os", wandte ich ein.

“Tu as raison”, stimmte Éli mir zu. “Ils sont très secs déjà.”
Er nahm einen länglichen, schmalen Knochen in die Hand und befingerte ihn.
“Et ils sont bien **lisses** … **je les emporte**, d’accord?” Er sah mich fragend an. “Demain, on demandera à Monsieur Cramp **de quel animal ils proviennent**.”
“Bonne idée!”
So sammelten wir mit vereinten Kräften die Knochen ein. Sie waren überhaupt nicht schmutzig oder so. Ob jemand das Tier gekocht hatte? Mir wurde übel. Als wir auf den Spielplatz zurückkamen, wurden wir schon von Sarah und ihrer Freundin erwartet. Sie starrten unseren Fund an.

Sarah riss entsetzt die Augen auf. “Vous pensez que c’est le chien à Audric?”
Mir lief eine Gänsehaut den Rücken herunter. War das ein Jack Russell Terrier? So gut kannte ich mich in der Tieranatomie nicht aus. Aber von der Größe könnte es vielleicht hinkommen.
“**J’espère que non**“, stieß ich aus und kämpfte weiter gegen die Übelkeit an, die sich in meinem Bauch breitmachte. Ich zog eine zerknüllte Plastiktüte aus meinem

---

lisses glatt
je les emporte ich nehme sie mit
de quel animal ils proviennent von welchem Tier sie stammen
j’espère que non ich hoffe nicht

Rucksack, und dort ließen wir die Knochen hineinfallen. Allerdings wollte ich sie ganz gewiss nicht mitnehmen. Also reichte ich sie an Éli weiter.
“Demain, Monsieur Cramp nous le dira“, sagte er entschlossen.

Zwanzig Minuten später starrte ich aus dem Fenster der Straßenbahn und nahm doch kaum etwas wahr von den Häusern und Autos dort draußen. Immer wieder versuchte ich, mich selbst davon zu überzeugen, dass dieses Tierskelett *nicht* Audrics kleiner Hund war. Diese Knochen sind bestimmt schon uralt, wiederholte ich in Gedanken gebetsmühlenartig. Da erregte ein Blondschopf am Straßenrand meine Aufmerksamkeit. Dieses sorgsam verstrubbelte Haar kannte ich doch! Richtig: Valentin bemühte sich, mit der einen Hand die Beifahrertür eines kleinen Citroën zu öffnen, während er mit dem anderen Arm krampfhaft einen Katzenkorb mit einer imposanten Perserkatze festhielt. Diese schien keinerlei Lust zu verspüren, in dem Korb zu bleiben, und hatte sich mit ihrem Strampeln schon halb daraus befreit. Ich schaute gebannt zu, wie die Katze ihm einen Pfotenhieb auf die Wange verpasste. Aber kurz bevor die Bahn in eine Kurve fuhr und ich Valentin aus den Augen verlor, sah ich noch, dass er den Korb samt Katze in den Wagen hineinbefördert hatte und die Autotür zuschlug. Er hatte es geschafft. Aber was denn eigentlich? Mein Gedankenkarussell hatte wieder neuen Treibstoff gefunden. Jetzt dachte ich nämlich ununterbrochen darüber nach, was Valentin mit dieser offensichtlich reinrassigen, edlen Katze zu tun haben mochte. Ob sie ihm gehörte? Oder doch nicht? War Valentin womöglich ein Haustierentführer? Oder doch nicht? Fragen über Fragen …

Mama empfing mich an der Haustür, ebenfalls mit Fragen.

“Wie geht es Else? Hat sie sich gefreut? Hat sie das Kaffeestückchen gegessen? … Sag mal, bist du in Gedanken, was ist denn los?”

Ich berichtete von unserem erfolglosen Besuch bei Else, von Marlène und Valentin. Und von meinem komischen Gefühl bei Marlène.

“Meinst du, dass das wirklich Elses Tochter ist?”

Während meines Berichts hatte ich Mama geholfen, den Tisch fürs Abendbrot zu decken. Papa kam eben zur Tür herein. Er musste die letzte Frage wohl mitgehört haben, denn er antwortete, noch bevor Mama den Mund aufmachen konnte: “Marlène, sagst du? Ich erinnere mich, dass früher oft von Elses Tochter Marilena die Rede war. Hat sie nicht in Paris an der Sorbonne studiert?”

Ich kam mir dämlich vor. Marilena, die Sorbonne – das passte alles nahtlos ins Bild.

“Äääh … ja, stimmt, das hatte ich vergessen.”

Paps schnippte mir zärtlich gegen die Stirn.

"Na, du siehst wohl wieder Verbrechen, wo keine sind, was? Eure Else hätte ja kaum eine fremde Frau ins Haus gelassen."
"Hmm", wandte ich ein, "immerhin ist Else nicht gut dran und könnte sich wohl kaum wehren, wenn sie überwältigt würde."
"Else ist im Krankenhaus, hat Lora erzählt", sagte Mama. "Sie hat sie gar nicht angetroffen."
Wir setzten uns an den Tisch. Ein bisschen stinkig war ich ja schon wegen Papas blöder Bemerkung. Von wegen Verbrechen, wo gar keine sind. Mit meinen Verdächtigungen vor einigen Monaten wegen der Plastiktüten mit Diebesgut im Bunker hatte ich ja wohl voll ins Schwarze getroffen. Gut, was meine Menschenkenntnis anbelangte, hatte ich mich weniger mit Ruhm bekleckert. Insofern hatte Papa nicht ganz unrecht. Also zog ich es vor, nichts mehr zu sagen, und belegte mir lieber ein Brot mit leckerem Butterkäse.
Mama war aber anscheinend durch meine Überlegungen in Gedanken versunken, denn sie schwieg eine Weile vor sich hin und sagte dann: "Ich rufe jetzt mal an. Ich will wissen, in welchem Krankenhaus Else liegt. Sicher können wir sie dort besuchen."
Ich wandte ein, dass selbst ihre Nachbarn sie nicht hätten besuchen dürfen, aber das bestärkte Mama noch in ihrem Entschluss. Nach dem Essen wählte sie die Vorwahl von Frankreich und Elses Nummer. Niemand

ging ran, und einen Anrufbeantworter besaß Else offenbar nicht.
“Hmm, also das lässt mir jetzt keine Ruhe. Lora, kannst du morgen bei Elses Tochter noch mal nachfragen, in welchem Krankenhaus sie liegt? Du gehst sicher nach der Schule gerne noch mit zu Éli, oder?”
“Okay, mache ich.” Mir ließ die ganze Sache eh keine Ruhe!

Die Anatomie von Tieren

Am nächsten Morgen gab Monsieur Cramp zunächst den letzten Biotest zurück, wir kamen also erst mal nicht mit unserer Frage nach den Tierknochen zum Zuge. Es dauerte eine gefühlte Ewigkeit, bis wir die ganzen Fehler durchgesprochen hatten. Als Cramp endlich zum normalen Unterricht übergehen wollte, meldete Éli sich heftig.

"Monsieur Cramp, on peut parler des chiens et des chats?"

Emilie und Kathy warfen ihm fragende Blicke zu.

"Des chiens et des chats? Mais pourquoi? Les escargots ne vous intéressent pas?" Monsieur Cramp lächelte Éli an und zwinkerte. Ich mochte ihn, vor allem, seit wir ihn ein bisschen besser kennengelernt hatten.

"Vous savez, à Sarreguemines, on cherche quelques chats et chiens qui ont disparu ces derniers jours."

Monsieur Cramp verschränkte die Arme, lehnte sich gegen das Lehrerpult und meinte: "Ah oui, j'en ai entendu parler."

Was wir denn im Einzelnen wissen wollten, fragte er, und sein Ton ließ darauf schließen, dass er von den üblichen Gräuelmärchen nicht viel hielt.

Kathy meldete sich sofort zu Wort und erzählte die Horrorgeschichten von ihrem Cousin aus Bayern. Monsieur Cramp lachte bloß.

"Non, je ne crois pas **à tout ça**. On a toujours eu des **soupçons, mais rien n'a pu être prouvé jusqu'à présent**."

"D'accord", sagte Éli und warf Kathy einen Blick zu, der so viel sagte wie "Tu vois!"

Kathy verschränkte die Arme und zog eine Schnute.

Éli holte die Plastiktüte aus seinem Rucksack hervor.

"Mais hier, nous avons trouvé ces os dans le **bois** ...", sagte er und schüttete den Inhalt der Tüte auf seine Bank.

Monsieur Cramp kam näher und betrachtete den Haufen.

"... et nous sommes **relativement** sûrs que ces os **appartiennent** à un petit animal, un chat ou un chien **par exemple**. Qu'est-ce que vous en pensez?"

"Ah, très bien, très bien." Monsieur Cramp rührte mit seinem Bleistift ein wenig in den Tierknochen und schob sie auseinander.

Für eine Sekunde musste ich an eine Hexe denken, die aus Knochen die Zukunft weissagen will.

à tout ça das alles
soupçons Vermutungen
mais rien n'a pu être prouvé jusqu'à présent aber nichts konnte bisher bewiesen werden
bois Wäldchen
relativement relativ
appartiennent (à) gehören
par exemple zum Beispiel

Nun griff unser Lehrer mit spitzen Fingern nach dem Schädel des Tieres und hielt ihn hoch.
"Alors, qui peut me dire à quel animal appartient **ceci**?", fragte er in die Klasse.
Raunend berieten die anderen sich, aber es meldete sich niemand.
"**Personne?**", fragte Cramp ungläubig.
"Peut-être à un chat, comme l'a dit Éli ..." Emilie wischte mit der Hand in Richtung des Schädels.
Monsieur Cramp schüttelte den Kopf.
"Alors, un petit chien?", fragte sie nach.
Monsieur Cramp schüttelte wieder den Kopf.
"Regardez bien le **maxillaire** et les dents ...", forderte er uns auf.
Das Gebiss? Klar, jetzt sah ich es. Die Schneidezähne waren viel länger als der Rest. Das konnte eigentlich nur ...
"C'est un lapin", rief ein Junge.
Monsieur Cramp nickte. "Oui, c'est un lapin ou bien un **lièvre**."
Er zog einen der längeren, dünnen Knochen von Élis Bank und hielt ihn hoch.
"Et qu'est-ce que vous voyez ici?"

---

ceci dies
Personne? Keiner?
maxillaire Kiefer
lièvre Hase

Er hielt den Knochen erst Éli, dann mir und den anderen in unserer Reihe vor die Nase und zeigte mit dem Finger auf eine bestimmte Stelle. Bissspuren! Dass wir die nicht schon viel eher gesehen hatten! Anscheinend waren wir von den verschwundenen Haustieren so beeindruckt gewesen, dass wir einfach jeden Unsinn hatten glauben wollen.

"Ce sont des **traces de dents**", gab ich also kleinlaut zu.

Monsieur Cramp lächelte, aber es war kein triumphierendes Lächeln, sondern eher ein zufriedenes – wohl, weil wir das Tier und seine Todesursache hatten bestimmen können.

"Oui, ce lapin a **probablement** été **chassé** par un renard. **Je vous remercie** pour ce **matériel pédagogique** très intéressant."

Das alles hatte den Rest der Stunde gekostet, denn jetzt gongte es bereits.

Als wir die Klasse verließen – Éli hatte die Knochen Cramp für die Schule zur Verfügung gestellt –, sagte Cramp abschließend zu uns beiden: "**Ça fait déja un**

---

traces de dents Zahnspuren
probablement wahrscheinlich
chassé gejagt
je vous remercie ich danke euch
matériel pédagogique Unterrichtsmaterial

bon moment que ce lapin a été **dévoré**. Les os sont déjà bien vieux."

"Tant mieux", meinte Éli schulterzuckend.

Ich war ebenfalls ziemlich erleichtert, weil nun auch die letzten Reste meiner Zweifel und Gedanken über Tierentführungen und Tierquälerei ausgeräumt waren … jedenfalls fast. Valentin und seine Perserkatze gingen mir nicht aus dem Kopf. Auch Audrics Hund sowie die andere vermisste Katze waren noch nicht wieder aufgetaucht – das hatte Éli mir gleich am Morgen erzählt. Und dann war da noch dieses mulmige, kaum spürbare Gefühl, dass mit Marlène etwas nicht ganz stimmte. Und was war überhaupt mit Else los?

Ich hielt die Nachmittagsbetreuung kaum durch, so eilig hatte ich es, wieder zu Elses Haus zu gehen, um noch einmal nachzuhaken, in welchem Krankenhaus sie denn lag.

Éli hatte zwar gefeixt, als ich ihm meine diffusen Verdächtigungen erzählte, sich aber sofort bereit erklärt, mich auch heute wieder zu begleiten.

So kam es, dass wir zum dritten Mal an dem grünen Haus mit den vernachlässigten Orchideen vorbeika-

---

ça fait déjà un bon moment es ist schon einige Zeit her
dévoré aufgefressen

men. Zaghaft öffnete ich das Türchen des Vorgartens, und noch zaghafter drückte ich auf die Klingel.
Wieder war es Marlène, die uns öffnete.
"Encore?", fragte sie barsch.
"Bonjour Madame, euh … je voudrais **juste** demander **dans quelle clinique Else a été hospitalisée**. Nous voudrions aller la voir avec ma mère."
Marlènes Brauen senkten sich. Sie wirkte ausgesprochen unwirsch. Sie holte Luft, um zu antworten, als ich von drinnen ein Geräusch hörte. War es die Stimme eines Tieres? Wieder drang ein leiser und schwacher Ton von oben herunter. Ich meinte, Elses Stimme zu erkennen, und sofort gingen in meinem Kopf alle Alarmsirenen los. Das klang nicht gut! Marlène zuckte wie ertappt zusammen und klappte den Mund zu. Ihre Wangen nahmen einen fast pinkfarbenen Ton an.
"C'est Else?", fragte ich und machte spontan einen Schritt auf Marlène zu.
Das warf sie anscheinend aus dem Konzept, denn sie wich zurück und gab so den Weg frei. Ich machte ganz schnell einen Schritt nach vorn. Marlène fing sich wieder und schob sich ein Stück vor, doch zu spät – ich stand bereits auf der Türschwelle. Marlène atmete hektisch, während ich in Elses Wohnung spähte.

---

juste nur
dans quelle clinique Else a été hospitalisée in welche Klinik Else eingeliefert worden ist

Nichts von der alten Dame zu sehen.
"Else? C'est moi, Lora, vous vous souvenez de moi?", rief ich laut.
Ich wusste, dass dort oben, die Treppe hinauf, Elses Schlafzimmer lag, und konnte erkennen, dass die Tür offenstand.
"Lo...ra!"
Ihre Stimme war nicht viel mehr als ein Krächzen. Ein Wunder, dass ich sie vorhin überhaupt gehört hatte.
Éli stand inzwischen dicht hinter mir. Marlène versuchte noch immer, uns den Weg zu versperren, doch dann erkannte sie wohl, dass das aussichtslos war. Was auch immer sie hatte sagen wollen – ich hatte den Verdacht, dass sie uns nicht wirklich hatte zu Else lassen wollen – nun war es zu spät. Else lag hier, in ihrem Bett, nicht im Krankenhaus. Und wir wussten es.
"Lo...ra!"
In Elses Stimme lag ein fast verzweifeltes Flehen. Nur mit Mühe konnte ich meinen Namen überhaupt verstehen. Was mochte mit ihr geschehen sein? Ich sah Marlène in die Augen.
"**Vous permettez?**", fragte ich mit so viel Eiseskälte in der Stimme, wie meine Angst vor der Frau und um Else zuließ.
Sie schluckte. Endlich fand sie ihre Sprache wieder. Mit einer fast resignierenden Geste der Hand seufzte

---

Vous permettez? Sie erlauben?

sie. “Oui, bien sûr. Mais Maman ne va pas bien. Elle ne peut presque plus parler.”
Sie ging uns voraus die Treppe hinauf.
“**Elle est sortie de l’hôpital seulement ce matin.**”
Als wir oben ankamen, nahm ich bereits den typischen Geruch wahr, der in schlecht gelüfteten Zimmern herrschte. Es roch fast Übelkeit erregend nach Krankheit. Und dieser Geruch sollte sich erst seit heute Morgen hier festgesetzt haben? Marlène trat in Elses Schlafzimmer ein.
“C’est Lora. Elle dit que tu la connais bien … maman.”
Else lag in ihrem Bett, den Kopf kaum durch ein Kissen erhöht. Der Rollladen war komplett herabgelassen. Was sollte das? Bei dem Wort “maman” klang ein gequältes Stöhnen herüber.
Ich eilte zu Else, um sie zu begrüßen und nach ihr zu sehen. Zuerst schaltete ich mal das Nachtlämpchen ein. Wie konnten sie Else hier im Dunkeln liegen lassen? Das ganze Zimmer wirkte, als habe man schon viele Tage nicht mehr gelüftet. War Else wirklich erst heute Morgen nach Hause gekommen?
Ihre Augen blickten wach, aber ihr Gesicht wirkte eingefallen, die Lippen trocken und aufgesprungen. Das Nachthemd war am Halsausschnitt bekleckert. Auf dem Nachtschränkchen stand eine Tasse mit einer

---

Elle est sortie de l’hôpital seulement ce matin. Sie ist erst heute Morgen aus dem Krankenhaus entlassen worden.

dunklen Flüssigkeit. Tee? Daneben lag eine Pillenpackung, die fast geleert war. Marlène stieß mich zur Seite, als sie hastig nach dem Päckchen griff und es in ihre Hosentasche schob, noch bevor ich den Namen des Medikaments entziffern konnte. Ich erkannte lediglich, dass es mit Dorm- anfing. Bestimmt ein Schlafmittel. Hatten sie Else damit ruhiggestellt? Ich setzte mich vorsichtig auf die Bettkante und beugte mich über Else. Ihre Hand wanderte zu meiner, und ich erschrak, als ich spürte, wie ausgemergelt und trocken sie sich anfühlte.

"Vous voulez boire quelque chose?", fragte ich.

Else lächelte mir zu und nickte kaum merklich.

Ich griff nach der Tasse – sie war kalt – und führte sie an ihre Lippen. Doch als Else nur daran roch, verzog sie das Gesicht und wandte sich ab. Wie lange stand dieser Tee schon da? Mit jeder Sekunde fühlte ich mich mieser, und das schlechte Gewissen erwachte, obwohl ich ja nicht schuld an Elses Zustand war.

"Vous n'auriez pas une **tisane** chaude?", wandte ich mich an Marlène. "Celle-ci est **toute froide**."

Widerwillig nahm Marlène die Tasse. "Je vais en **chercher**. Mais **ne fatiguez pas trop** ma mère."

---

tisane Kräutertee
toute froide ganz kalt
chercher holen
ne fatiguez pas trop strengt … nicht zu sehr an

Else schnaubte wieder so kehlig. Ich schaute Éli fragend an. Er rieb sich die Nase. Wie sollten wir Else denn anstrengen? Endlich verließ Marlène das Zimmer.
"Comment allez-vous?", fragte ich und drückte Elses Hand. Sie erwiderte meinen Händedruck – nicht sehr stark, aber mit deutlichem Willen.
Sie räusperte sich heftig, dann brachte sie endlich ein paar Wörter hervor. "**Mal** … ces gens …"
Mehr konnte ich nicht verstehen. Sie fühlte sich nicht gut! Hmm, klar, das hing mit ihrer schweren Erkrankung zusammen. Aber was wollte sie uns noch sagen?
"J'ouvre un peu la fenêtre", sagte Éli und zog den Rollladen hoch. Er öffnete das Fenster und ließ die frische Sommerluft herein.
Else lächelte dankbar.
"Oui … mieux", hustete sie hervor.
Ich begriff, dass die Krankheit ihre Sprachfähigkeit in Mitleidenschaft gezogen hatte. Schade, sie wirkte, als wolle sie unbedingt etwas loswerden.
Plötzlich hörte ich unten eine Tür schlagen, Marlène fluchte, dann tapsten schnelle Pfoten die Treppe herauf, und schon huschte Mikesch herein.
Ich hob ihn auf Elses Bett, wo er sich an ihren Oberarm schmiegte. Elses Gesicht leuchtete auf. Hatten sie

---

mal schlecht

den Kater etwa von ihr ferngehalten? Sie liebte ihn heiß und innig.
“Voici la tisane“, rief Marlène und hastete herein.
Sie stellte eine Kanne und eine frische Tasse auf dem Nachtschränkchen ab. Dann warf sie einen missbilligenden Blick auf das weit geöffnete Fenster. Doch anscheinend wagte sie nicht, es sofort zu schließen. Sie goss ein wenig Tee in die Tasse.
“Attendez, elle est encore trop chaude”, erklärte sie.
“Alors les enfants, **je pense qu'il est temps d'y aller**. Else est très fatiguée. Elle doit dormir maintenant. N'est-ce pas, maman?”
Sie tätschelte Elses strähniges Haar, das so wirkte, als habe es schon seit Wochen keinen Kamm mehr gesehen.
Abermals stieß Else dieses heißere Schnauben aus und ruckte mit dem Kopf zur Seite. Beklommen schaute ich Éli an.
Er zuckte kaum merklich die Schultern.
“Merci beaucoup pour votre visite.“ Marlène riss fast grob meine Hand aus der von Else und schob mich dann zur Zimmertür.
Etwas unsicher nickte Éli Else zu und machte dann ein paar Schritte hinter mir her. Ich verrenkte den Kopf, um nochmals nach Else zu schauen. Rollte eine

---

je pense qu'il est temps d'y aller ich denke, es wird Zeit, dass ihr geht

Träne ihre Wange hinab? Der Blick, den sie mir nachwarf, wirkte unglücklich.
“Au revoir”, flüsterte sie.
“Je reviendrai, **promis**”, versprach ich und nahm mir fest vor, das auch zu tun.
Marlène schob mich einfach auf den Flur, dann schloss sie die Tür von außen, nachdem Éli mir gefolgt war. Mit Gesten trieb sie uns die Treppe hinunter.
“Elle **était contente** de vous voir, merci”, plapperte sie, wahrscheinlich, um Höflichkeit vorzutäuschen. Wir waren schon fast zur Haustür hinaus, als ich plötzlich ein klägliches Miauen hörte. Doch es kam nicht von oben, sondern von der Kellertüre her. Mikesch war das nicht!
Ich riss mich aus Marlènes Armen los, die noch immer krampfhaft versuchte, sowohl Éli als auch mich nach draußen zu schieben, und machte einen Schritt zur Kellertür. Doch Marlène war schneller. Mit einem Satz sprang sie vor mich und trat gegen die Türe. Sofort hörte das Miauen auf.
“C’est un chat méchant. Il mord.” Nun wurde sie energisch. “**Je l’emmènerai chez le vétérinaire demain.** Maintenant, **j’ai à faire**. Au revoir.”

---

promis versprochen
était contente hat sich gefreut
Je l’emmènerai chez le vétérinaire demain. Ich werde sie morgen zum Tierarzt bringen.
j’ai à faire habe ich zu tun

Éli und ich waren so baff, dass wir nichts zu erwidern wussten und uns widerstandslos nach draußen führen ließen. Marlène atmete hörbar auf, bevor sie die Tür hinter uns schloss. Ich fühlte mich wie im falschen Film. Was war das denn gewesen? Wie in Trance drehte ich mich um, und langsam gingen wir den Pfad entlang zum Gartentürchen. Ich hörte, wie ein Fenster zugeschlagen wurde. Es wunderte mich gar nicht zu sehen, wie der Rollladen von Elses Schlafzimmer wieder ganz heruntergelassen wurde. Da stimmte etwas nicht! Aber ganz und gar nicht!

Éli und ich schlugen den Weg zur Straßenbahn ein. Ich fühlte mich, als ginge ich durch Watte hindurch. "C'est vraiment étrange", murmelte Éli. "**Mystérieux même.**"
"Ah, tu es d'accord avec moi!", bekräftigte ich eifrig. "Je ne crois rien de toute cette histoire. **À mon avis**, Else n'a même pas été à l'hôpital. Tu as vu ses cheveux et sa **chemise de nuit**? **Elle semble être toute négligée!**"
Mein ganzes mieses Gefühl, das sich in Elses Gegenwart aufgestaut hatte, kam hervor.

---

mystérieux même geheimnisvoll sogar
à mon avis meiner Meinung nach
chemise de nuit Nachthemd
Elle semble être toute négligée. Sie scheint ganz verwahrlost zu sein.

"Je vais tout raconter à Maman, et demain **elle pourra juger par elle-même**", erklärte ich entschlossen.
"Oui, tu as raison." Éli nickte.
Offensichtlich hatte er ganz ähnliche Gefühle wie ich.
"La pauvre. **Incroyable que sa propre fille la traite ainsi!** Tu as vu le médicament? C'était un **somnifère**, je pense."
Grimmig setzte ich zu einer Erwiderung an, da sah ich Valentins kleinen Citroën in die Straße einbiegen und winkte ihm von weitem zu, griff Éli am Arm und zog ihn in die Richtung des Autos. Ich wollte Valentin unbedingt nach der Perserkatze fragen, die er gestern auf dem Arm gehabt hatte. Tatsächlich fuhr er rechts ran, kurbelte das Fenster herunter und lächelte uns strahlend an.
"Bonjour, ça va?"
"Ça va bien. Et vous?"
"Bien, merci."
"Et votre chat?"
"Euh … comment?"
Da hatten wir's. Stellte er sich doof oder was?
"Hier je vous ai vu avec un très joli **chat persan** gris!"

---

elle pourra juger par elle-même wird sie sich selbst überzeugen können
Incroyable que sa propre fille la traite ainsi. Unglaublich, dass ihre eigene Tochter sie so behandelt.
somnifère Schlafmittel
chat persan Perserkatze

Er fuhr sich mit zwei schlanken Fingern über die Wange. Ich entdeckte dort einen Kratzer. Richtig, die Katze hatte ihm doch mit der Pfote eins verpasst. Sein Gesicht hellte sich auf, und er strahlte uns auf seine unnachahmliche Art an. Allerdings biss er bei mir damit auf Granit.

"Ah, oui, bien sûr, mon chat! Tu m'as vu, n'est-ce pas?"

Hatte ich ihm doch gesagt!

"Oui, il va bien, très bien même, il est à la maison, chez Marlène, je veux dire."

War das etwa die Katze, die wir im Keller gehört hatten? Armes Tier, konnte ich da nur sagen!

"D'ailleurs, je dois aller les voir, Marlène et le chat."

Valentin lachte eine Spur zu fröhlich, legte den Gang ein und fuhr los.

"Éli", beschloss ich, "**j'appelle mes parents** pour demander si je peux dormir chez toi. Je voudrais **épier** un peu la maison d'Else. Qu'est-ce que tu en penses?"

Gut, dass Freitag war. Da würde Mama sicher nichts dagegen haben, dass ich hier übernachtete.

---

j'appelle mes parents ich rufe meine Eltern an

épier heimlich beobachten

Eine unglaubliche Dreistigkeit

“Maman, Lora, peut-elle dormir chez nous ce soir?“, fragte Éli seine Mutter, kaum dass wir zur Türe herein gekommen waren.
Madame Dupreux schaute fragend zu mir. Ich hatte ja überhaupt kein Gepäck dabei, sondern nur meinen Schulrucksack.
Verlegen lächelnd sagte ich: “**Je n’ai pas mes affaires**, mais je pourrais peut-être **mettre un pyjama** d’Éli?”
Es wäre nicht das erste Mal, dass ich unvorhergesehen bei meinem Kumpel übernachtete – besser gesagt, im Zimmer seiner Schwester Sarah.
Élis Mutter nickte. “Oui, pourquoi pas, **je ne suis pas contre**. Nous avons encore ta brosse à dents **de la dernière fois**.”
Damit war das also gebongt. Als hätten wir uns abgesprochen, erwähnten Éli und ich unser Vorhaben mit keinem Wort. Erwachsene konnten sehr seltsam reagieren, wenn man ihnen erzählte, dass man vorhatte, einem möglichen Verbrechen auf die Spur zu kommen. Élis Mutter war da nicht anders als meine Eltern. Unser Bunkerabenteuer hatte für Aufregung gesorgt – in beiden Familien.

---

je n’ai pas mes affaires ich habe keine Sachen dabei
mettre un pyjama einen Schlafanzug … anziehen
je ne suis pas contre ich habe nichts dagegen
de la dernière fois vom letzten Mal

"**Tout à l'heure**, **nous resortirons encore**", sagte Éli so beiläufig wie möglich. "On ira voir des amis **en ville**, d'accord?"
Nachdem Élis Mutter sich vergewissert hatte, mit wem wir uns treffen wollten und verlangte, dass wir spätestens um neun Uhr zurück sein sollten, schluckte sie seine Erklärung ohne weitere Einwände. Und es war nicht mal komplett gelogen. Immerhin trafen Éli und ich uns, und in der Stadt lag Elses Haus, wenn auch am Rande. Super – damit war nämlich auch schon geklärt, dass seine kleinen Geschwister nicht dabei sein würden! Die hatten nämlich bei uns "Großen" nichts verloren …

Ich rief also zuhause an und erzählte Mama, dass Else wieder in ihrem Haus war, vermied es aber, etwas von meinen Verdächtigungen gegen Marlène und Valentin zu erwähnen. Was hätte ich auch sagen sollen? Dass Elses Tochter sie vernachlässigte und mit Medikamenten betäubte? Dass Valentin anscheinend eine Katze gestohlen hatte? Sie hätte mir nie erlaubt hierzubleiben.

Das Abendessen mit Élis Familie verlief total witzig. Ich beneide ihn um seine Geschwister. Seinen Vater

---

tout à l'heure gleich
nous resortirons encore gehen wir nochmal raus
en ville in der Stadt

kenne ich nicht; er lebt in Paris. Éli besucht ihn in den Ferien immer für eine Woche.
Nach dem Essen machten wir uns also auf den Weg. Auf der gegenüberliegenden Seite von Elses Haus blieben wir stehen. Alles sah so aus wie immer.
"Qu'est-ce que vous faites là-bas, vous?", schallte eine unfreundliche Stimme zu uns herüber, nachdem wir etwa fünf Minuten untätig herumgestanden hatten. Erschrocken schauten wir in die Richtung, aus der die Stimme gekommen war. Ich erkannte sofort, wer gerufen hatte.
"Encore Monsieur Rampin", knurrte Éli.
Wir eilten über die Straße. Fehlte noch, dass der Alte Marlène oder Valentin auf uns aufmerksam machte mit seiner tiefen, misstönenden Stimme. Er schaute uns abwartend entgegen, die Brauen gesenkt. Warum nur verhielt er sich so angriffslustig?
"Rien", drucksten Éli herum. "On ne fait rien."
"Bonsoir, Monsieur Rampin. Vous allez bien?", fragte ich in dem Versuch, freundlich zu sein.
Monsieur Rampin fixierte mich eine ganze Weile, dann schaute er über den kniehohen Zaun hinüber in Elses Vorgarten. Dort war noch immer alles ruhig – keine Tierstimmen, der Rollladen heruntergelassen.
"Tu connais Else, n'est-ce pas?", fragte er mit gesenkter Stimme aus dem Mundwinkel heraus und machte mit dem Kinn eine Geste in Richtung des Nachbarhauses.

Nanu? Was sollte das denn jetzt? Ich nickte wortlos und deutete ein Lächeln an.
Der Alte beugte sich näher zu uns und hielt eine Hand verschwörerisch neben den Mund, als er weiter flüsterte: "**Je m'inquiète pour elle** … et **je me méfie de ces jeunes gens**."
Plötzlich griff er nach Élis und meinem Oberarm und zog uns hinter einen hohen Busch in seinem Vorgarten. Mann, der alte Rampin traute Marlène und Valentin genausowenig über den Weg wie wir! Gut, er war ja eh ein misstrauischer Kauz. Aber das hier machte ihn geradezu zu einem Eingeweihten! In Élis Gesicht spiegelte sich der gleiche Gedankengang wie meiner.
"Nous **non plus**, on ne les aime pas, Monsieur Rampin", erklärte er denn auch. "**C'est pour cela** que nous voudrions **surveiller** un peu la maison."
Monsieur Rampin hakte sich mit den Daumen in seiner Latzhose ein und nickte zufrieden zu Élis Worten. "Très bien, très, très bien", erklärte er. "Restez ici, derrière cette **haie**. Moi, je dois rentrer à la maison.

---

je m'inquiète pour elle ich mache mir Sorgen um sie
je me méfie de ces jeunes gens ich traue diesen jungen Leuten nicht
non plus auch nicht
c'est pour cela (que) deshalb
surveiller überwachen
haie Hecke

Tant mieux, vous êtes là. Ma femme ne me croît pas, vous savez?"
Kopfschüttelnd tappte er zur Haustür und ging hinein.
"**C'était quoi ça?**", fragte ich Éli und prustete hinter vorgehaltener Hand.
Da hatte der kauzige Monsieur Rampin uns ein optimales Versteck für unsere Observation geboten.
"Et moi qui pensais que c'était lui qui avait enfermé Ophélie ..." Éli zuckte grinsend die Achseln. "Heureusement **que ce n'était pas le cas**."

Eine halbe Stunde später wusste ich nicht mehr, wie ich mich noch hinstellen sollte. Es war stinklangweilig, und mein Gewicht von einem Fuß auf den andern zu verlagern, brachte nicht wirklich Abwechslung. Es tat sich einfach gar nichts. Waren Éli und ich am Anfang noch voller Aufregung und Spannung gewesen, so merkten wir langsam, was für einen langweiligen Job die Polizisten haben, die im Fernsehen immer von ihrem Wagen aus Häuser observieren. Eine weitere halbe Stunde später zweifelte ich bereits ernsthaft daran, ob unsere Aktion irgendeinen Sinn hatte.
"Tu penses que quelque chose **va se passer**?", fragte ich zweifelnd.

C'était quoi ça? Was war das denn?
... que ce n'était pas le cas ... dass es nicht so war
va se passer ereignen wird

"Bof", stöhnte Éli, "**je n'en sais rien**. Tu veux rentrer?"
Nein, aufgeben wollte ich noch nicht. Aber es fiel mir echt schwer, mich noch zu motivieren!
"Si, **au moins**, on avait pris **quelque chose à manger** ...", murmelte ich. Mein Magen knurrte beim Gedanken an einen Schokoriegel.
"**Et c'est toi qui me traites toujours de goinfre?**", grinste Éli, worauf ich ihn in den Oberarm knuffte.
Es half alles nichts, wir mussten weiter ausharren. Irgendwann hockte ich mich auf die Erde und spähte durch die Zweige der Hecke hindurch. Meine Augenlider wurden schwer, als es langsam zu dämmern begann.

Ich musste tatsächlich eingenickt sein – da weckte mich das Geräusch eines fahrenden Autos. Ein Kastenwagen kam die Straße herauf und blieb vor Elses Haus stehen. Sofort war ich wieder hellwach. Auch Éli hielt gespannt ein paar Zweige zur Seite und beobachtete, wie ein Mann in einem blauen Overall ausstieg, durch das Gartentürchen zur Haustüre ging und zweimal lang, einmal kurz Elses Klingelknopf drückte. Ich rappelte mich auf und verfolgte mit klopfendem Herzen, wie

---

je n'en sais rien keine Ahnung
au moins wenigstens
quelque chose à manger etwas zu essen
Et c'est toi qui me traites toujours de goinfre? Und du bezeichnest mich immer als Vielfraß?

die Haustüre sich langsam öffnete. Jetzt wurde es spannend!
Valentin öffnete die Tür und begrüßte den Mann wie einen alten Bekannten.
“Ah, salut, **enfin**! Cette **affaire commence à se compliquer**. Attends un moment, je vais chercher les **caisses**.”
Einige Minuten später kam Valentin mit einer hölzernen Kiste heraus, die eine vergitterte Klappe hatte. Aus der Box waren ganz deutlich Fauchgeräusche zu hören! Der Mann hatte die zweiteilige Hecktür seines Wagens geöffnet, und Valentin schob die Box in den Kofferraum. Kurz darauf kam Marlène mit einer ganz ähnlichen Box – allerdings aus Plastik – heran, die sie ebenfalls in den Wagen luden. Mir wurde übel vor Aufregung. Da saßen Tiere in der Falle! Das war sicher!
“Je vais dans le jardin, je veux voir où sont ces animaux!” Éli drehte sich bereits um, um neben dem Haus der Rampins nach hinten zu schleichen. Ich grapschte nach seinem T-Shirt und hielt ihn zurück.
“Attends, je viens avec toi!”
“Non, reste **plutôt** ici!”, wiegelte er ab.

---

enfin endlich
affaire Angelegenheit
commence à se compliquer wird langsam kompliziert
caisses Kisten
plutôt lieber

Na gut, vielleicht hatte er recht. Bestimmt war es besser, wenn einer hier vorne blieb und alles beobachtete. Er verschwand also, während ich sah, wie Marlène und Valentin zwei weitere Boxen in dem kleinen Transporter verstauten. Ich hatte das Gefühl, auf glühenden Kohlen zu sitzen! Zwar waren keine Geräusche aus den Boxen zu hören … aber wer wusste, was das zu bedeuten hatte! Immer wieder schaute ich über die Schulter, ob Éli zurückkam. Was sollten wir bloß tun? Hier geschah ein Verbrechen, das war mir vollkommen klar! Bestimmt waren die bald fertig mit Einladen … Wir mussten doch etwas unternehmen! Mit zitternden Fingern zog ich mein Handy aus der Tasche. Sollte ich jemanden um Hilfe rufen? Wen?

Ich klickte auf das Adressbuch und blätterte sinnlos die Einträge durch. Verdammt, was machte ich da eigentlich? Wieder warf ich einen Blick über die Schulter, und da sah ich endlich Éli, der sich geduckt heranschlich.

"Ce sont des animaux, **effectivement**", flüsterte er. "Ce chat persan gris dont tu as parlé … Valentin l'a mis dans une caisse. Et il y a le chien d'Audric aussi …"

Ich schlug die Hand vor den Mund. Audrics Jack Russell Terrier? Also doch …!

"Le chien dort! Nous devons faire quelque chose!"

---

effectivement tatsächlich

Ich nickte.
Éli warf einen Blick auf das Handy in meiner Hand.
"Luca Macon" stand auf dem Display.
"Je l'appelle?", fragte ich.
Éli nickte heftig.
"Oui, il peut aller à la police et tout expliquer!"
Die Mailbox antwortete! Verdammt! Ich sprach hastig in das Handy, nachdem der Signalton erklungen war.
"Luca", raunte ich ins Telefon, "c'est moi, Lora. Nous sommes devant la maison d'Else. Nous savons maintenant que Marlène et Valentin **trafiquent** avec des animaux volés! S'il te plaît, **avertis la police**! Nous, on essaye de **retenir les malfaiteurs**."

So, jetzt konnten wir nur noch hoffen, dass Luca die Nachricht sehr bald hören und die Polizei informieren würde!
"Zut, qu'il n'a pas répondu."
Ich kaute nervös auf meinen Fingernägeln herum. Wir beobachteten, was weiter geschah.
Marlène und Valentin baten den Mann ins Haus.
Er schloss die Hecktüren seines Kastenwagens, holte ein dickes Notizbuch und eine Geldbörse aus dem Fahrerraum heraus, dann folgte er den beiden.
"Je suis sûre qu'il les achète, ces animaux", flüsterte ich.

---

trafiquent (illegal) handeln
avertis la police benachrichtige die Polizei
retenir les malfaiteurs die Übeltäter festzuhalten

Éli nickte grimmig.
"Et ensuite, il les vend. Ce sont des animaux de race."
"Ce n'est certainement pas **la première fois**."
Ich ließ meiner Fantasie freien Lauf. Sicher zogen Marlène und Valentin von Region zu Region und hielten Ausschau nach Rassetieren. Sie brauchten bei diesem Hehler nur nachzuhören, welche Tiere gerade gefragt waren, und schon war das Geschäft klar. Dann zogen sie weiter, bevor jemand ihnen auf die Schliche kam.
"Tu as raison. **En plus**, **ils ont commis un deuxième crime**."
Fragend schaute ich Éli an. Was meinte er damit?
"Else", flüsterte er. "Marlène n'est pas sa fille!"
"Comment tu sais?", flüsterte ich zurück.
"Je suis entré dans la maison et j'ai trouvé son **passe-port**", antwortete er nur.
Mir blieb vor Schreck der Mund offen stehen. Meine Güte, wie furchtbar! Was musste Else durchgemacht haben. Sie konnte es uns ja nicht sagen! Ich wollte meine Bestürzung ausdrücken, doch in dem Moment wurde die Haustüre aufgerissen.

---

la première fois das erste Mal
en plus außerdem
ils ont commis un deuxième crime haben sie ein zweites Verbrechen begangen
passeport Pass

Der Mann im Overall trat zufrieden lächelnd heraus. Er schüttelte Marlène die Hand und sagte: “Très bien. Je suis très content de notre **affaire**.”
Marlène lachte auf. “**Évidemment.** Mais maintenant, il est temps de disparaître. Heureusement que **la vieille** ne peut rien dire, **c’est une chance pour nous**.”
Valentin trat neben Marlène und winkte dem Mann zu.
“Oui, on va y aller, nous aussi.”
Sie wollten also fliehen!
“Lora, nous devons faire quelque chose!” Èli sprach mir aus der Seele.
Verflixt, hoffentlich hatte Luca inzwischen seine Mailbox abgehört!
Ohne irgendeinen Plan rannten wir beide hinter der Hecke hervor, zum Gartentürchen hinaus und auf der anderen Seite hinein.
“Attendez!”, schrie ich.
Der Mann fuhr zu uns herum. “**Qu’est-ce qu’il y a?**”
Tja … Was nun?
Valentin schaute erschrocken drein, Marlène hingegen erfasste die Lage mit einem Blick.

---

affaire Geschäft
évidemment *hier:* logisch
la vieille die Alte
c’est une chance pour nous das ist unser Glück
Qu’est-ce qu’il y a? Was ist?

“**Bonsoir**, les enfants. **En promenade**, **si tard**?”
Sie winkte dem Mann im Arbeitsanzug zu: “**À bientôt!**”
Zu uns sagte sie: “Vous voulez **entrer** un instant?”
Ah, sie wollte den Mann wegschicken – und mit ihm alle Beweise!
“Non, attendez, Monsieur – euh ...” Ich stockte.
Was sollte ich bloß sagen, um den Mann am Wegfahren zu hindern?
“Nous savons que vous avez acheté des animaux volés”, erklärte Éli todesmutig.
Mir blieb der Mund offenstehen. Aber er hatte ja recht.
Hier half nur die Flucht nach vorne!
“Et nous avons déjà appelé la police”, sagte ich nickend.
“**Merde!**”, zischte Marlène.
Und dann ging plötzlich alles ganz schnell.
Marlène gab den Männern ein Zeichen: Der im Blaumann schnappte sich Éli, Valentin sprang die Stufe herunter und hatte mich schon in der nächsten Sekunde mit beiden Armen umfangen. Ich fühlte mich wie in einem Schraubstock. Verdammt, was jetzt? Sie zerrten uns nach drinnen, in den Hauseingang.

---

bonsoir guten Abend
en promenade auf dem Spaziergang
si tard so spät
À bientôt! Bis bald!
entrer hereinkommen
Merde! Scheiße!

"Ferme la porte!", befahl der Fremde, und Marlène schlug die Haustür zu.

Éli und ich waren so verdutzt – vielleicht mussten wir auch beide an unsere Entführung vor ein paar Monaten zurückdenken – dass wir erst mal gar nichts machten. Wir wehrten uns nicht, sondern hielten ganz still.

"Et maintenant? Qu'est-ce qu'on fait?" Marlènes Stimme rauchte vor Wut. "Verdammt", fluchte sie in ihrer Muttersprache, "ihr verdammten Rotzlöffel!"

"**De toute façon**, on a déjà appelé la police", wiederholte ich mit piepsiger Stimme.

Sie mussten doch kapieren, dass nicht mehr viel zu retten war! Auch wenn ich nur bluffte. Ich sandte ein stummes Stoßgebet zum Himmel, dass Luca schon bei der Polizei war.

"On a déjà appelé la police"", äffte Marlène mich nach und verzog das Gesicht zu einer hässlichen Grimmasse. "Valentin, il faut les **ligoter**."

Diese Frau war skrupellos, das wurde mir klar.

"**Et après?**", wagte Valentin zu fragen.

Marlènes Gesicht und ihr genervtes Aufstöhnen ließen ihn rasch verstummen.

"Tu as une **corde**?", fragte der andere Mann.

---

de toute façon jedenfalls
ligoter fesseln
Et après? Und dann?
corde Strick

Marlène nickte und verschwand in der Küche. Dort hörte ich sie mit Türen knallen, in Schränken und Schubladen herumkramen und immer wieder Flüche ausstoßen. Anscheinend fand sie kein Seil. Ich musste indessen immer wieder zurückdenken.
Kaum zu fassen, dass Éli und ich schon wieder von Dieben festgehalten wurden. Das durfte einfach nicht wahr sein! Wir mussten uns wehren.
"Else! **Au secours!**", schrie ich gellend.
Ein erschrockener Laut von oben war die Antwort. Auf jeden Fall bekam Else mit, dass wir im Schlamassel steckten. Aber würde sie uns auch helfen können? Ein Hoffnungsschimmer leuchtete in meinem Kopf auf.

Marlène hatte die Medikamente eingesteckt – was, wenn sie vergessen hatte, Else erneut schachmatt zu setzen? An diesen Gedanken klammerte ich mich wie an einen Strohhalm. Ich wünschte mir so sehr, dass Else uns helfen könnte - irgendwie!
Marlène lachte bitter auf.
"La vieille? Tu penses vraiment que la vieille pourra vous aider?", stieß sie im Hereinkommen aus.
Ihre Hände waren leer – kein Seil!
"Prends le garçon! J'ai une corde dans la voiture."
Der fremde Mann stieß Éli in Marlènes Richtung. Sie hatte hart mit ihm zu kämpfen, doch dann gelang es ihr, ihm die Arme auf den Rücken zu drehen.

Au secours! Hilfe!

"**Tiens!**", zischte sie und bog ihm beide Arme hoch, sodass Éli aufstöhnte.
Der Mann hatte inzwischen die Tür geöffnet und lief zu seinem Wagen.
Ein Wutschrei ließ Marlène und Valentin zu ihm herumfahren.
"**Quelqu'un a crevé les pneus de ma camionnette!**", schrie der Mann, als er wieder herbeistürmte, in der Hand ein langes Seil.
Ich warf Éli einen Blick zu. Das war ganz bestimmt Luca gewesen! Sicher war er hierher gekommen, hatte die Lage erfasst und die Reifen aufgeritzt, damit der Dieb nicht fliehen konnte.
"Je n'ai vu personne **à part** un **vieux**. **Partons** tout de suite!"
"Rampin", flüsterte Éli.
Ich nickte überrascht. Der Alte hatte Schneid!
In aller Hast banden die beiden Männer Élis und meine Hände aneinander. Gar kein Vergleich damit, wie Cédric uns damals gefesselt hatte. Wir würden uns ganz leicht losmachen können. Dann ließen sie uns im Flur stehen.

Tiens! So!
Quelqu'un a crevé les pneus de ma camionnette!
Jemand hat die Reifen meines Transporters zerstochen!
à part außer
vieux Alten
partons lasst uns gehen

Wie aufgescheuchte Hühner rannten Valentin und Marlène umher, in das eine Zimmer rein, wieder heraus, in ein anderes Zimmer, und sammelten alles Mögliche ein. Mir war klar, dass sie rasch das Nötigste zusammenrafften. Handtasche, Geldbörse, auch Sparbücher, wenn ich mich nicht irrte. Ich spürte, wie Éli das Seil immer weiter lockerte.
Der Komplize von Valentin und Marlène stand im Flur und beobachtete die beiden.
"Où est votre voiture?"
"Elle est dans le garage."
Valentin griff in seine Hosentasche und warf dem Mann den Autoschlüssel zu. Der fing ihn auf und hastete nach draußen.
"Imbécile!", schrie Marlène. "Il **s'enfuira** sans nous!"
Schön, wie sie einander gegenseitig vertrauten! In all dem Trubel achtete jedenfalls keiner mehr auf uns beide, und schließlich waren wir frei.
"Moi, je prends Valentin, toi, saute sur Marlène!", flüsterte Éli.
Er gab mir unauffällig das Seil. Wollte er Valentin mit bloßen Händen fassen? Naja, wenigstens konnten wir versuchen, ihre Flucht aufzuhalten.
Draußen wurde indessen ein Wagen aus der Garage gefahren. Behielt Marlène Recht? Machte der Mann sich ohne die beiden vom Acker?

---

s'enfuira wird … fliehen

Marlène rannte zur Tür, riss sie auf und schrie "**Halte!**" Das war der Moment! Jetzt oder nie!
Ich nahm das Seil, hielt es an zwei Enden vor mir wie ein Killer, der jemanden erdrosseln will, und huschte auf leisen Sohlen hinter Marlène. Sie hatte sich halb zur Tür hinausgebeugt und winkte wie wild dem Citroën hinterher, der die Einfahrt hinausschoss. Ich hob beide Hände, um das Seil über ihren Oberkörper zu schwingen. Meine Arme schienen aus Blei zu sein und kribbelten doch gleichzeitig so, als steckten eine Million Tannennadeln in meinem T-Shirt. Ich wollte gerade ausholen – da wirbelte Marlène herum und versetzte mir einen Stoß vor die Brust, dass alle Luft aus meiner Lunge fuhr. Ich torkelte zurück gegen die Wand und versuchte zu atmen. Nur langsam, keuchend, konnte ich meine Lungen wieder mit Luft füllen. Es tat so weh!
Marlène stieß wie eine Furie auf mich zu, holte aus und verpasste mir eine schallende Ohrfeige. Ich schrie auf vor Schmerz. Sie knallte die Haustür zu und wirbelte herum, dann erstarrte sie mitten in der Bewegung. Éli hatte Valentin gepackt und ihn tatsächlich überwältigt. Er hielt ihn genauso fest wie Marlène es zuvor mit ihm getan hatte. Doch im Gesicht meines Freundes konnte ich erkennen, wie viel Anstrengung es ihn kostete.

Halte! Halt!

"**Tiens bon**", versuchte ich ihn zu ermutigen.
Ich bückte mich nach dem Seil, das ich hatte fallenlassen. Sofort sprang Marlène neben mich, griff danach und zerrte daran. Aber so schwach, wie sie meinte, war ich nicht! Sie schaffte es nicht, mir das Seil zu entwinden. Bloß gelang es Éli nicht mehr allzu lang, Valentin festzuhalten, das konnte ich sehen. Der Schönling wehrte sich verbissen, und Éli war eben nur ein Zwölfjähriger. Trotzdem war es klasse, dass er ihn überhaupt hatte überwältigen können! Und noch war Valentin nicht frei!
Verbissen riss ich noch immer an dem Seil, während Marlène in die andere Richtung zog.

"**Lâche!**", schnaubte sie, "vous avez perdu!"
"Non, les enfants ... pas perdu", krächzte plötzlich jemand.
Ich riss den Kopf herum. Oben am Treppengeländer stand Else! Wie ein Racheengel hatte sie einen Arm erhoben, in der Hand hielt sie ein dickes Buch, ihr langes Nachthemd erhöhte den Eindruck des Engelhaften noch. Die Haare standen wirr vom Kopf ab und leuchteten im Licht der Flurlampe wie pures Silber.
"Vous ... mauvais", kreischte sie mit kippender Stimme. Woher nahm Else diese Kraft? Marlène hielt

---

tiens bon halte durch
Lâche! Lass los!

inne. Dass Else sich aus dem Bett gerappelt hatte und jetzt dort oben stand, schien selbst sie aus dem Konzept zu bringen. Mit einem einzigen Ruck entriss ich ihr das Seil und warf es noch in derselben Bewegung Éli zu.

Doch er konnte es nicht auffangen, denn er brauchte beide Arme, um Valentin festzuhalten!

Marlène fasste sich wieder und sprang in Élis Richtung. Doch da hatte sie ihre Rechnung ohne Else gemacht! Mit einem gezielten Wurf schmetterte die alte Dame das Buch an Marlènes Kopf. Durch die Wucht des unerwarteten Angriffs schlug diese mit dem Kopf gegen das Treppengeländer, verdrehte die Augen – wie in einem dieser alten Western – vollführte noch eine halbe Wende und fiel dann mit einem satten Rumms auf den Dielenboden.

Ich hastete zu Éli, schnappte das Seil und schlang es um Valentins Handgelenke. Gemeinsam wickelten wir es stramm herum, zerrten ihn zum Treppengeländer und banden ihn dort an einem Pfosten an, so fest wir konnten.

Atemlos und noch voller Adrenalin schaute ich mich im Flur um.

Oben stand noch immer Else, doch sie stützte sich japsend auf dem Geländer ab und sackte dann auf die Knie. Offensichtlich hatte der Wurf sie ihre letzten Kraftreserven gekostet.

“Tiens bon, Else!”, rief ich ihr zu.

Valentin war erst mal gut versorgt, aber Marlène … Sie lag benommen auf dem Boden, doch lange würde dieser Zustand sicher nicht anhalten.
“Qu’est-ce qu’on fait avec elle maintenant?”, fragte ich Éli. Meine Augen flimmerten vor Aufregung.
“Mettez la …”, keuchte Else mit schwacher Stimme von oben, “… dans le **placard à balais** … sous l’escalier.”
Ich suchte nach der Kammer und sah eine kleine tapezierte Tür unter der Treppe.
“Aide-moi, Éli, je pense qu’elle est lourde”, sagte ich, öffnete die Tür, ging zu Marlène, griff mit beiden Händen unter den Achseln durch, verschränkte meine Hände vor ihrer Brust und hob ihren Oberkörper an, wie ich es im Erste-Hilfe-Kurs gelernt hatte. Sie war immer noch weggetreten, aber hinter ihren Lidern sah ich die Augäpfel sich bewegen. Valentin beobachtete uns mit blitzenden Augen und wand sich, aber er kam nicht frei. Im Gegensatz zu den beiden hatten Éli und ich ganze Arbeit geleistet!
“Un vrai **poids lourd**”, sagte ich.

Ich weiß nicht genau, wie wir es schafften, aber am Ende hatten wir Marlène in der Besenkammer eingeschlossen, bevor sie ganz zu sich kam. Nur wenige

---

placard à balais Besenschrank
poids lourd Schwergewicht

Sekunden später donnerte sie schon mit den Fäusten gegen die Tür.
"Valentin, les enfants, **libérez-moi!** C'est de la **séquestration**!"
Haha, die machte wohl Witze!
Valentin stöhnte auf. Er wirkte völlig verwirrt. Ob er überhaupt gewusst hatte, worauf er sich bei Marlène eingelassen hatte? Na, wie auch immer – mitgefangen, mitgehangen, würde ich mal sagen.

Ich rannte die Treppe hinauf, und gemeinsam mit Éli half ich Else auf die Beine.
"Vous étiez **géniale**, Else!"
Ich schüttelte grinsend den Kopf. Echt voller Überraschungen, die Dame!
"**Basket-ball**", flüsterte Else.
Ihre Stimme war nun wieder so brüchig, dass ich sie kaum verstand. Sie zitterte am ganzen Leib.
"Voulez-vous vous **recoucher**?", fragte ich sie.
Sie nickte dankbar.
Es war nicht ganz einfach, ihr in das Bett hineinzuhelfen. Ich konnte mir kaum ausmalen, wie viel An-

---

libérez-moi lasst mich frei
séquestration Freiheitsberaubung
géniale genial
basket-ball Basketball
recoucher wieder ins Bett gehen

strengung sie unsere Rettungsaktion gekostet haben mochte.
Éli ging wieder hinunter, um auf Valentin vor und Marlène im Besenschrank aufzupassen, während ich Else zudeckte.
"Je vais appeler votre médecin, d'accord? Connaissez-vous son **numéro de téléphone par cœur**?"
Sie nickte und murmelte etwas, das ich nicht verstand. Vor meinen Augen sackte sie wieder in sich zusammen und wurde zu der alten, sehr kranken Frau, die wir gestern gesehen hatten. Ein leises Schnarchgeräusch verriet mir, dass sie eingeschlafen war. Mit einem warmen, dankbaren Gefühl im Bauch strich ich ihr über das Haar. Ihr Atem ging gleichmäßig, und unter der dünnen Haut ihres Halses konnte ich den Pulsschlag sehen. Gut, es ging ihr gut …
Ich stieg die Treppe hinab.
"Qu'est-ce qu'on fait alors?", fragte ich Éli, der ein paar Dokumente aus Marlènes Tasche gezogen hatte und sie mir hinhielt.
"Regarde! Ce sont des **documents bancaires** d'Else. Marlène a noté tous ses **codes secrets**. Mais elle ne s'appelle pas Marlène."

---

numéro de téléphone Telefonnummer
par cœur auswendig
documents bancaires Bankdokumente
codes secrets Geheimcodes

"Tu es sûr?"
"Oui, je te l'ai dit. Regarde, voilà son passeport. Marlène n'est pas son vrai **prénom**. Elle s'appelle Carmen, et elle est **allemande**."

Mann, was für eine Dreistigkeit! Marlène und Valentin hatten sich also unter falschen Angaben in Elses Haus gesetzt, die alte Frau um ihr Geld betrogen, und dann auch noch das Haus als Diebesversteck benutzt! Unfassbar!
"Et la police?", sagte ich beunruhigt zu Éli. "**Pourquoi n'est-elle toujours pas là?**"
Éli zog die Schultern hoch – da klingelte es.
Wir öffneten die Tür, und da war sie endlich, die Polizei! Drei Streifenwagen standen vor dem Haus, und im Vorgarten sah ich bewaffnete Uniformierte. Erschrocken zuckten wir zurück. Vor der Tür stand Jean, bei unserem Anblick senkte er seine Waffe.
"**Vous encore?**" Jean lächelte. "**Ça ne m'étonne pas!**"

---

prénom Vorname
allemande Deutsche
Pourquoi n'est-elle toujours pas là? Warum ist sie immer noch nicht da?
Vous encore? Ihr schon wieder?
Ça ne m'étonne pas! Das wundert mich nicht!

Ein toller Fang!

Bei Jeans Worten schlich sich ein breites Grinsen in mein Gesicht, das ich nicht mehr so leicht loswurde. Auch Élis Wangen glühten vor Stolz.

"Entrez", sagte mein Kumpel und schwang beide Arme wie ein Zirkusdirektor in den Hausflur. "**Nous avons fait du bon travail. À quand notre promotion?**"

"Comment?" Jean schaute fragend in den Flur hinein.

"La femme est dans le placard à balais, et voilà l'homme", erklärte ich eifrig.

"**Vous ne vous êtes pas trompés alors**", erklang eine Stimme.

Luca trat eben zur Haustür herein.

"Cette femme n'est pas la fille de Madame Mazar?", fragte er.

Jean winkte unterdessen vier weitere Polizisten herbei. Die Männer öffneten die Tür der Besenkammer und führten kurz darauf Marlène und Valentin ab. Ohne großes Federlesens wurden die beiden in je einen Streifenwagen verfrachtet.

Nous avons fait du bon travail. Wir haben gute Arbeit geleistet.

À quand notre promotion? Wann werden wir befördert?

vous ne vous êtes pas trompés alors ihr habt euch also nicht getäuscht

“**Absolument pas**”, beantwortete ich Lucas Frage. Dann wandte ich mich an Jean: “Et le **troisième complice**? Il s’est enfui?”
“Non, Luca nous avait tout expliqué. Quand **la Citroën est sortie de la rue**, nous l’avons **suivie** et finalement **arrêtée**.”

Jean erklärte uns alles in knappen Worten: Der Mann im Arbeitsoverall war kein unbeschriebenes Blatt. Er hatte schon öfter wegen Hehlerei und Trickbetrugs eingesessen. Seit einiger Zeit stand er unter dem Verdacht, sein Geld mit dem illegalen Verkauf von Rassetieren zu verdienen. Er suchte einfach im Internet nach Leuten, die dort inserierten, weil sie ein bestimmtes Rassetier wünschten. Wenn er die passenden Tiere – unter anderem mit Hilfe von Marlène und Valentin – auftrieb, fälschte er ihre Papiere, verpasste ihnen kurzerhand falsche Registriernummern und verkaufte sie für teures Geld an die ahnungslosen Kunden. Entdeckten diese den Betrug kurz darauf, war er schon über alle Berge. Er musste wirklich schnell sein. Alle

absolument pas absolut nicht
troisième dritte
complice Komplize
la Citroën der Citroën (französische Automarke)
est sortie de la rue aus der Straße herauskam
suivie verfolgt
arrêtée angehalten

Adressen und E-Mail-Anschriften, die er hinterließ, waren natürlich nur Scheinadressen oder von Internetanschlüssen aus gesendet worden, in die der Mann sich einfach eingehackt hatte. Eine richtig fiese Type eben. Und Éli und ich hatten bei seiner Ergreifung geholfen! Cool!

“Et Marlène et Valentin?”, fragte ich, als wir alle vor die Tür traten.

Die Polizei hatte einen Arzt herbeigerufen. Er war nach oben gegangen und untersuchte Else.

“Marlène et Valentin … oui, **nous recherchons** effectivement un **couple de fraudeurs**. **Pour l'instant**, nous ne connaissons pas encore leurs vrais noms.” Er nickte zufrieden. “Et maintenant, nous avons **capturé** les deux **grâce à vous**!”

Er bestätigte all meine Gedanken über Marlène und Valentin.

Man suchte schon seit einiger Zeit – und zwar auf deutscher wie auf französischer Seite – nach einem Betrügerpärchen, das alte Leute ausraubte. Die beiden nahmen meist per Telefon Kontakt auf, gaben sich als Verwandte der Alten aus und behaupteten, in Geldnot zu stecken. Die älteren Leute kannten ihre angeb-

---

nous recherchons wir suchen
couple de fraudeurs Gaunerpaar
pour l'instant bisher
capturé gefasst
grâce à vous dank euch

lichen Enkel oder Nichten nicht persönlich, sodass sie auf den Schwindel leicht hereinfielen und bereitwillig und großzügig "halfen". Marlène (alias Carmen) und Valentin mussten auf diese Weise schon ein kleines Vermögen zusammengegaunert haben.

"Mais les voisins **ont réellement pris** Carmen pour la fille de Madame Mazar", sagte ich erbost. Welch unglaubliche Dreistigkeit von Carmen, vor den Nachbarn zu behaupten, Elses Tochter zu sein! Und Else hatte wegen ihrer Krankheit keine Gelegenheit gehabt, das richtigzustellen. Na ja, Carmen und Valentin ließen natürlich vom ersten Moment an auch niemanden mehr zu ihr. Ich hätte mich stundenlang darüber aufregen können, dass sie sich auf so hinterhältige Weise Einlass verschafft hatten!

Jean nickte nachdenklich. "**Ils ont profité du fait** que Madame Mazar est gravement malade."

"Et apparemment, les voisins ne connaissaient pas les enfants d'Else", nickte Éli.

"Heureusement, **j'avais envie** de rendre visite à elle", sagte ich, und das schlechte Gewissen schlug wieder mit voller Wucht zu. Hätte ich doch nur früher an Else gedacht und mal nach ihr geschaut! Ich hätte ihr so viel Leid ersparen können.

---

ont réellement pris (pour) haben wirklich (für) ... gehalten
ils ont profité du fait sie haben die Tatsache … ausgenutzt
j'avais envie hatte ich Lust

Der Arzt kam heraus. Else gehe es den Umständen entsprechend gut, erklärte er. Sie sei eigentlich nicht in der Verfassung, weiter allein hier wohnen zu bleiben. Er werde aber erst einmal alles in die Wege leiten, um den Pflegedienst für sie wieder zu bestellen. Es solle täglich jemand nach ihr sehen, das Mittagessen alleine reiche da nicht mehr aus.
"Attendenz! Nous pouvons peut-être **nous rendre utile**", rief da eine Frauenstimme.
Madame Rampin und ihr Mann hatten die Szene schon länger mitverfolgt, waren nun mit raschen Schritten zu uns gestoßen und hatten die letzten Worte mitgehört.
Madame Rampin erklärte sich bereit, täglich mehrmals bei ihrer Nachbarin vorbeizuschauen. Errötend berichtete sie, dass sie das eigentlich vorher auch immer getan habe, dass sie dann aber damit aufgehört habe, weil ja Elses Tochter und ihr netter Freund sich um die alte Dame kümmerten …
"**Ce n'est pas votre faute**", tröstete Jean Madame Rampin und erklärte, dass sie die Betrüger wirklich nicht habe durchschauen können. Er sagte, dass beide – besser gesagt, alle drei – jetzt erst mal in Untersuchungshaft säßen und dass sie für ihre Straftaten verurteilt werden würden.

---

nous rendre utile uns nützlich erweisen
Ce n'est pas votre faute. Es ist nicht Ihre Schuld.

"Oh", schaltete sich unverhofft der alte Rampin ein, "avez-vous libéré les animaux?"
Mit ein paar überraschend schnellen Schritten war er an dem Lieferwagen und öffnete die Hecktüren. Ein vielstimmiges Miauen, Scharren, Kratzen und Bellen klang ihm entgegen. Anscheinend waren alle Tiere inzwischen aus ihrer Betäubung erwacht.
Monsieur Rampin stieß seltsam kehlige Laute aus, worauf es im Kofferraum schlagartig ruhiger wurde. Sein Gesicht legte sich in ein Netz von Lachfältchen. "J'ai crevé les pneus. Comme ça, le **type** ne pouvait pas **partir**!"
Wir brachen alle in erleichtertes Gelächter aus. Der alte Rampin hatte es faustdick hinter den Ohren!
"C'était **un beau coup de filet**", erklärte er und grinste Éli und mich an.
"**En effet**", nickte Jean und reichte uns beiden anerkennend die Hand. "Un beau coup de filet!"

---

type Typ
partir wegfahren
un beau coup de filet ein toller Fang
en effet allerdings

Jedes Buch entsteht mit Hilfe vieler Personen – so auch dieses. Ich bedanke mich herzlich bei meinen jugendlichen Testlesern Mikolai Gütschow, Linda und Annika Schiffmann, bei meiner treuesten Testleserin Steffi Cernko und meinen beiden Kolleginnen und Freundinnen Heike Schulz und Ilona Hanft.